第四条底线

21世纪仁爱领导力精进指南

[英] 保罗·哈格里夫斯 著
(Paul Hargreaves)

田明刚 译

中国原子能出版社　中国科学技术出版社
·北京·

The Fourth Bottom Line by Paul Hargreaves, ISBN: 978-1-9123-0042-6
Copyright © Paul Hargreaves 2021
This translation of The Fourth Bottom Line by Paul Hargreaves is published by arrangement with SRA Books
Simplified Chinese translation copyright © 2024 by China Science and Technology Press Co., Ltd. and and China Atomic Energy Publishing & Media Company Limited.
All rights reserved.
北京市版权局著作权合同登记 图字：01−2022−0381。

图书在版编目（CIP）数据

第四条底线：21世纪仁爱领导力精进指南 /（英）保罗·哈格里夫斯（Paul Hargreaves）著；田明刚译. — 北京：中国原子能出版社：中国科学技术出版社，2024.1

书名原文：The Fourth Bottom Line：Flourishing in the new era of compassionate leadership

ISBN 978−7−5221−2813−9

Ⅰ.①第… Ⅱ.①保… ②田… Ⅲ.①领导学 Ⅳ.① C933

中国国家版本馆 CIP 数据核字（2023）第 123044 号

策划编辑	何英娇	执行策划	陈　思
责任编辑	付　凯	文字编辑	邢萌萌
封面设计	潜龙大有	版式设计	蚂蚁设计
责任校对	冯莲凤　焦　宁	责任印制	赵　明　李晓霖

出　　版	中国原子能出版社　中国科学技术出版社
发　　行	中国原子能出版社　中国科学技术出版社有限公司发行部
地　　址	北京市海淀区中关村南大街 16 号
邮　　编	100081
发行电话	010−62173865
传　　真	010−62173081
网　　址	http://www.cspbooks.com.cn

开　　本	880mm×1230mm　1/32
字　　数	195 千字
印　　张	8.75
版　　次	2024 年 1 月第 1 版
印　　次	2024 年 1 月第 1 次印刷
印　　刷	北京盛通印刷股份有限公司
书　　号	ISBN 978−7−5221−2813−9
定　　价	69.00 元

（凡购买本社图书，如有缺页、倒页、脱页者，本社发行部负责调换）

专家推荐

♣ 你手中的这本书只有一个目的——让你明白怎么过日子才对别人更有利。这是一本关于如何培养性格的书，而不是教你抖机灵，每一章都很短，但很有指导性和挑战性。开始做事之前，你得先好好思考，这就是此类日常充电读物能对你有所帮助的地方。你要是真心想过得更好，更充实，那就读这本书吧。

——保罗·麦吉（Paul McGee）教授

畅销书作家、励志演说家兼教练

♣ 保罗喜欢问一个问题："职场中什么样的领导者才令人满意？"鲜有人能回答这个问题，很明显每个领导者都有缺点。我们急切需要的是有感染力的领导者，所以保罗写了这本书来填补这一空缺。这本书规划了一项为期50天的计划，让有抱负的领导者用每天的实际演练培养更强的领导能力。这是一套以人格转换的第四底线为基点制订的方案，所以，尽可放心按书上写的去做吧。人情世故与阿谀奉承都是虚伪且俗套的，所以一个能以摆脱俗套、拥抱人性的方式来对待追随者的领导者，最终会收获丰富的回报。

——伊芙·普尔（Eve Poole）博士

《高效管理的52个关键》（*Leadersmithing*）作者

♣ 此书非常鼓舞人心，意志不坚定者须谨慎考虑再阅读。这本书帮助我们开阔眼界，为职场工作和日常生活带来非同寻常的视野，如果我们能通过努力深化自我的认识，那不得不说是一种成就，在这本书的指引下，我们将从生活的桎梏里脱离出来。这本书为每个人提出了一个自我转变的挑战，如果有足够多的人接受该挑战，那么我们将会迎来一个更美好、更公平的世界。

——威尔弗雷德·艾玛纽–琼斯（Wilfred Emmanuel-Jones）

"黑农"（The Balack Farmer）公司创始人

♣ 我刚看完揭露权力上位者丑恶一面的电影《黑水》（*Dark Waters*），这本书就从"什么造就了伟大领导者"的角度，提供了新鲜视角。书中提供了50个适宜效仿的领导者应具备的性格特质，并穿插着作者本人的经历。作者观点的新颖之处在于让你连续50天，每天都思考分析一种不同的品格。这是一种先探究再改变的简单方法，我们能用这样的方法成为理想中的领导者。

——马克·库迪甘（Mark Cuddigan）

艾拉厨房（Ella's Kitchen）欧洲分部首席执政官

♣ 本书是21世纪领导者的必读。今天的领导者们已经有了新的榜样，他们意识到：20世纪领导者们所持有的食古不化的理念已经无法满足现实的需要，因为现在已经出现了新的思考方法。本书用生动有趣的真人真事，带给你来自领导者的见解。本书将重塑并提升你的思维方式、领导方法并使你以更富有同情心的方式与他人互动，你会清楚地认识到，作为领导者，你提供的服务、取得的成就取决于你为他人服务的好坏。

——卡尔顿·布朗（Carlton Brown）博士

商业增长专家

♣ 保罗的书中写道："在做出任何改变前，要先自我接纳。"我认为这对我们来说意义重大。保罗用最巧妙的方式阐释了领导者的职能，他的这本书是领导方法的指南和领导知识的依据，我们应该常拿在手边阅读。当认识到领导职能的真实含义后，人人都能成为领导者。现在就是该重视人性的时候，只有这样，当领导者才会真正变得有价值，因为你为了世界的美好而独一无二地存在着。所以领导者的职能不是空谈，而是某种发自内心并且能鼓舞他人的事物。

——朱尔斯·怀特（Jules White）

灵感之源机构办事人

❧ "并非所有男人都刚强威猛，并非所有女人都娇嫩柔弱。"我早已意识到能理解这个概念的人屈指可数。我们每个人都有刚毅和温柔两面。而根据经验来看，领导者们往往都天生就特有刚毅的品质。但这本书像及时雨一样探究了温柔的力量，从中我们能发掘出真正有威严的领导者该有的样子。如果这些能在工商管理的研究型课程上进行讲授的话，或许我们就能建设出一个更好的世界。

——麦克·杰宁斯（Mike Jennings）

作家、演讲者

❧ 保罗·哈格里夫斯有一种神秘的能力，别人刚想到什么他就能写出什么来。他这人既充满幻想又务实，既天才又平易近人。如今他再次指出了领导者们须看到的道路，还为我们这代人面临的挑战提供了切实的解决办法。

——丹尼尔·耶胡达·弗洛韦恩（Daniel Yehuda Frohwein）

"发掘潜能"网创办人

❧ 所有想在事业上更上一层楼的有志领导者的书架上都应有这本书。这是一本要品读，再读，并且每读一次都能有新收获的书。保罗有一种与读者互动的方式，就是与凭辛勤汗水在某领域成为他人榜样的人产生共鸣，所以一个领导要想做得好，就要善于自省，还要贤明且有远见。

——卡罗勒·司拜尔斯（Carole Spiers）

"国际发现压力周"创始人

♣ 本书为读者开启了一个新视角，就是领导者本人的个性转变。保罗陈述了这个世界是多么急切需要杰出领导者。保罗指出，要成为一个真正杰出的领导者，你必须不断争取进步。这本书带你走完50天的历程，指导你进行实践和转型。我非常推荐。

——罗伊德·维格斯沃慈（Lloyd Wigglesworth）

亚历山大公司合伙人

♣ 在本书中，保罗·哈格里夫斯让我们了解到做好领导工作的关键，并且还给出了培养人类优秀品质的实用指导，分清我们"必须"服从的领导和我们"愿意"追随的领导。这本书将带你进入一个历时50天的心灵历程，在此期间你将挖掘任何正式职位都无法为你提供的更深厚、更持久的领导力之源。我看过保罗在他自己的公司言传身教的情景，那不仅可以引领员工走向高级岗位，也能成就非凡事业。

——马克·凡德内恩德（Mark Vandeneijnde）

"全力以赴"联合创始人

♣ 在这本书里，保罗通过目标性很强的职场活动，用一条适宜全世界领导者自我转型的务实、脚踏实地的路线，实现建设更好世界的目标。保罗首先展示了未来务实领导者所应具备的50种品格，每一种都是领导者可以思考、测试并最后采纳的。在当下时代，这是一本顶尖并且功德无量的书，里面有很多有用的忠告和切实可行的行动指导方案。

——杰乐米·布莱恩（Jeremy Blain）

国际绩效成就公司创始人兼首席行政官

❧ 保罗意识到，当下这种关键历史时刻中的领导力的进步更要求每个人都进行深度的自省，这本书正好为人们走进那段关键旅程提供了一条阳光大道，真是太妙了！

——克里斯·库珀（Chris Cooper）

行为学家、作家、主持人

❧ 保罗在本书中说明了做一个更聪明的领导者所应该持有的积极态度、方法和思想以及我们能培养的性格、品质和特点，还提供了务实的日常做法。保罗表示，我们必须发自内心地学习怎么用仁爱领导别人，如果我们爱自己、爱我们帮助的人、了解我们所创造的事物和创造的动机，我们就是用心在做领导工作，并对周围所有人和物都产生积极的影响。不妨跟随保罗的50天训练实践，欣赏魔法般的效果，做别人都愿意跟从的领导者，激励他人，引导他人。

——斯蒂芬·卡尔马龙（Stephen Karbaron）

商业转型咨询师

❧ 本书如同保罗本人一样，看事物透彻又清晰易懂，他紧接《向善的力量》（*Forces for Good*）这本处女作，继续开展如何在21世纪对领导力的理论进行更广阔、深入个人动机层次的研究。他的研究具有挑战性但他从不妄下定论，鼓舞人心但从来不会不切实际。用不同的定义、引用、见解和行动，激发新自我意识。在社会变革和文化变革不断加剧的混乱背景下，我们打算重新认识并表现人类最深刻和最美好的价值。

——苏·米歇尔（Sue Mitchell）

康复教练

⚜ 领导力从来都深藏在我们体内。如果你想有些积极的转变，那就好好阅读这本书吧。保罗·哈格里夫斯写在本书中的励志故事，用一针见血的提问和对人性的思考来刷新我们对自己的认识并了解自己在拯救世界时所处的位置。

——萨拉·罗珍图勒（Sarah Rozenthuler）

布里奇沃克公司首席行政官、心理学家、作家致所有已故先驱：我们站在巨人肩上。

推荐序

人或者组织很少能解释清楚他们所做何事,为何做此事。我说的"为何做此事"是指怀着什么意愿或信念去做事。我之所以这样说,是因为励志演说家西蒙·斯涅克(Simon Sinek)在他的专著《从"为什么"开始》(*Start with WHY*)里问道:"你们的组织因何存在?你每天早上为何起床?而又为什么会有人关心这些?"

我们有充分的理由认同西蒙说的话。

数十年以来,我们都认为人们购买一家公司的产品或服务是为了满足他们的理性或感性需求,事实也确实是那样。

然而,在过去的15年里,我发现一种新的思想趋势逐渐抬头,人们开始对消费过的产品以及生产它们的公司的存在价值和运营行为产生怀疑,要求公司公开消费者所购买的产品的成分。

如今,消费者去调查买到的产品在生态环境层面造成过什么样的影响轨迹已经是家常便饭了。

像生产该产品用了多少塑料、砍了多少棵树或排放了多少废气等问题都是消费者经常向公司经营者提出的。

消费者也经常拿社会平等做文章。现如今,消费者要求交易公平、薪酬公平和税务公平。抵制雇用童工的活动也常出现,他们乐于对商品的来源刨根问底,不支持他们立场的生产商会毫不留情地遭到口诛笔伐。

年度总结成了审判大会,上层领导者们都要背负责任,到投票选举管理层时,人格变得和工作表现一样至关重要。

女性消费者和千禧一代处于消费者意识觉醒的风口浪尖,他们把一种产品买回家后,通常不仅会谈论商品的优点,还会议论产品生产商的道德水准。他们会紧跟时事,并从网上收集资料,以此来判断某种商品的好坏。

令人欣慰的是,很多领导者都以极其真诚的态度回应了这种集体诉求。放眼世界,我注意到不少新一代领导者都真诚地认为强有力的领导力源于高风亮节的品行。这种现象的出现令人耳目一新。很多领导者意识到,重要的不是我们所掌握的知识,而是我们自己的品质。现在,提升领导力强调领导职能与领导技巧并重。

当我们不遗余力地围绕如何做好领导者的工作而自省的时候,有些事情已悄然发生,并且给领导的职能增添了新定义。新冠疫情席卷全球,整个关于怎么做好领导工作的争辩的性质也发生了变化。优秀领导品质曾经属于工作表现上的加分项,但现在已经成了我们在职场上生存的必要因素。

这就是我认为保罗的书对领导者们很有用的原因。西蒙·斯涅克认为我们应从问自己"为什么"着手,而保罗觉得我们不仅应深入思考我们对集体共同进步的探求,还要特别关注我们自身的人格建设。这简直是醍醐灌顶!

在他的第一本书《向善的力量》里,保罗认为追求目标(或更高的目标)就是为全民服务的精髓。在本书里,他更加引人入胜地阐述了新冠疫情前的领导者基因里应该镌刻着的一系列品德节操。

这是对人性的及时提醒。在我写下这句话的时间里，我会不由自主地想到如果新冠疫情带给了我们什么启发的话，那就是墨守成规已经不再适应时代了。

大多数人都会完全忽略自我关怀和自我意识，在生活和工作中颇感迷茫，且感觉一些冷漠的策略让自己有些不适应。

但重要的是，我们已经意识到，无论是个人还是组织，都需要重新设想我们该如何做好领导工作，这本书会在你重新设想的过程中派上大用场。

我已经意识到，VUCA①时代的领导者们的未来必将是牵一发而动全身，而为了能完成神圣使命，在不同的时间节点上，这些领导者都必须拥有能做好领导工作的5个特质，即贤明、雄辩、懂技术、能化险为夷和有领导者气质。

一句"不动如山，动若泉涌"就能高度概括这种整体的领导气质，看似前后矛盾的一句话，却一语道破了在VUCA时代里取得成功的秘密。

以上就是我会爱上保罗的著作的原因。这本书就像一副"领导牌"，每一张都直截了当告诉我们怎么做才是关键。

---

① VUCA 是 volatility（易变性）、uncertainty（不确定性）、complexity（复杂性）、ambiguity（模糊性）英文首字母的缩写，首次使用于1987年，借鉴了沃伦·本尼斯和伯特·纳努斯的领导理论。用来描述或反映一般条件和情况的波动性、不确定性、复杂性和模糊性。——译者注

好领导所需的品质，如仁爱之心、缄默寡言和不对别人品头论足等，这些品质都看似与神话中的"圣人"或"贤者"异曲同工。然而，我们难道没有要求领导者们提升自我、达到领导水平，引领迷茫的人类寻求回归本质吗？

如果我们不效仿这样的品行，那又有谁来给我们的子孙后代希望？而他们正在不遗余力地释放他们的潜力。

宽宏大量、忠贞不渝和保持好奇是传说中的专家学者们所拥有的领导力品质。当今世界，知识范式飞速变化，要求我们要寻找技术层面的领导者开辟道路，否则谁来上下求索，唤醒身处黑暗的人们？

团结友爱共患难，这话听起来虽然像是照顾家人时喊的口号，但对一个分裂、不和谐的世界来说，我们要做的是把"家人"的概念扩大，用这种态度对待家人以外的人。

勇敢无畏、保护弱者和能屈能伸，这些特质通常让人联想到带领我们熬过乱世的领导者们。对于人人都想着多一事不如少一事的社会风气来说，这种执拗的性格多少有点过时了。但倘若我们面对的是一群毫无目标、浑浑噩噩的人，就应该觉醒，重振领导者雄风。

这本书汇集了各种各样的优秀品质，能让人学会所有做好领导工作的方法，这些方法在领导们的工作里从始至终都能派上用场。

对大多数人而言，我们幸运地有了一切。有足够的钱供我们花费，也有让世界智能化的指尖科技，一触之间就能将亲朋好友送到眼前。全球商品流通让我们轻松地获取所需物资，我们的健康也受到一支庞大的队伍照护。

要问我们还能做些什么的话，那就是好好利用各种能创造利益的资源，保罗的这本书就是帮你开启理想之门的宝贵钥匙。

我认识保罗的这些年里，亲眼见到他践行了书中所述的那些优良品质，我们不妨用心品读，学习他给出的那些实例，为己所用。

苏吉斯·拉文德兰（Sujith Ravindran）
畅销书作者、领导力精神导师

前 言

我采访的时候最喜欢问的问题就是"成年之后,你受谁的影响最大?"偶尔有受访者能给出一个真正令人满意的回答,比如学生时代某个充满斗志的老师,或者一个一直维护他们、教他们做事的前上司。但是鲜有人能提到某个商业领导者。他们没有遇到过任何商业领导者,因此也没有商业领导者给他们的生活带来过什么影响,这样的事令我很沮丧,因为这个世界是绝对需要值得人们敬仰和效仿的领导者的。这种敬仰和效仿不是要人们模仿他们做过的事,而是要学习他们的品质。我在采访中问过超100次这个问题,但只有大概1/10的回答能勉强让我满意。这个事实证明,我们需要更多的榜样以及把生平经验传授给后人的精神领袖。

第四条底线

我的第一本书《向善的力量》是为了激励商业领导者按照书上所建议的道路经营商业,以"人类、地球和利润"为目标,为世界做出积极贡献。然而,就在写书的过程中,我意识到,如果我内心不能发生变化并进一步提升自己爱他人的能力,就很难产生外在的积极变化。这就是我所说的"第四条底线",也是自从《向善的力量》出版后我被问到过最多次的一个方面。21世纪的不少成功商人更倾向"三重底线"。然而，一种新的仁爱主义主导下的商业活动需要新的领导形式，其决策依据是仁爱，而这种仁爱是早已镌刻在我们自己的同理心里的，也就是我说的"第四条底线"。没有这种以仁爱为主导的领导与被领导关系，我们就只能生活在一个病态的星球上，人与人之间的平等关系也将不复存在。

的确，领导者们如果缺乏优良品质，那么他们做出的所有积极改变都无法长久，各种压力和困难会接踵而至。因为商业、政治、公有制企业和慈善机构在21世纪已经发生了永久的变化，所以我们需要更多底蕴深厚的精神领袖，他们在私下和公众前的生活方式极富感染力，并且会鼓舞新一代的领导者们，而新一代的领导者们会接替前一代，为世界上的诸多不公翻案，也会加速对气候恶化的遏制。如今，急需以他人利益为重的领导者。令人欣喜的是，他们也会因做出这样的贡献而感到非常高兴。

我们通常对领导才能有所误会。有太多人，包括那些领导自己，都沉湎于谄媚之言，收取大额贿赂，玩弄权术而抛弃人道。有些领导者，出于对权利被剥夺的恐惧、缺乏安全感或不理智，选择明哲保身，这样就令他们难以切实地为他们所领导的员工服务，或者难以真正地成为员工期望的恭敬、谦卑的领导。成为精神领袖的要求之一是应该抛弃社会灌输给我们的一些错误价值观，在这本书中，我通篇都会引论这些只能实现"受限自我"的错误的价值观。

受限与否的自我

许多人在私人生活中的行为是受限的。受限的自我是由我们在童年和成年期的经历以及被更广泛的文化和社会影响所形成的信念驱动的,我们之前经历过的伤痛影响了我们现在的行为举止。维持自我对我们来说至关重要,但我们往往达不到最好的自我,而其他人却总是要求我们做到最好。如果我们想摆脱错误的自我意象、成为有自我意识的领导的话,我们不仅要抛弃一些个人的条条框框,也要突破文化和教育背景的限制,换言之,就是要突破所谓的"受限自我"。

就领导的模式而言,限制我们的条条框框也同样根深蒂固。在过去,大多数领导由男性担任。那些男性领导凭借其刚强个性和善于竞争的天性,掌握了太多的权力,并且没有大度到容许女性领导者崭露头角,结果就是,很多走上领导岗位的女性,即使没犯一点儿错,也必须要向男性领导者点头哈腰。男人必须为此负责!我们对女性领导的需求很大,甚至在这个时代,比起男性领导我们更需要女性领导来平衡现实。我们也需要更加刚柔并济、了解女性,会在表面和内心都给女性空间的男性领导。我们在这本书中将要看到的许多优秀的品质在传统上都被认为是女性的特质。

我们总是从别的文化里学东西,这让我们意识到,很多我们认为正常的东西其实不然,很多身处其他文明中的人民总是能教我们很多良好的品质。我经常去非洲和亚洲,每次回来都是虚怀若谷又觉得心里有愧,同时也对过上对他人有益的日子满心期待。

什么人需要本书

本书供那些想用更纯粹的人道主义精神来管理组织的人阅读。他们过去经历过伤痛，悲观地看待过自己，也克服了悲观情绪，成为在他们自己的文化背景下对世界最有益的人。这本书也供那些意识到还有更高生活境界的人阅读，这种境界使他们敞开心扉，展现自己良好的思想，并积极地影响他人。当然，他们仍需要时日从受限的自我和以自我为中心的思想里挣脱出来，但他们肯定要学习如何迅速摆脱旧的存在模式，进入更高级的自我意识。

本书所探究的那些人物性格对于任何一位期待一种新颖、纯粹的领导模式的人都有启发。在特蕾莎修女（Mother Teresa of Calcutta），马丁·路德·金（Martin Luther King），纳尔逊·曼德拉（Nelson Mandela）和圣雄莫罕达斯·甘地（Mahatma Gandh）等人物身上，这种新模式已经有所彰显。他们都是我们今天难得一见的人物，但他们作为领导者的传奇故事及其影响人尽皆知。我们也需要当代传奇领导者带我们走出困境。

这本书不适合纸上谈兵的人，否则读过后必将大失所望！但适合那些乐于看到自己变得更好的人，但这也不是说你读的时候非得鞭策自己做出改变，那是实在没办法的时候的下策。接纳自我是所有转变发生前的必要阶段，接纳自我和愿意成为更加仁爱、感怀、包容的人，两者之间并不矛盾，这些品质和现代领导者的其他良好品质都是本书所要研究的对象。

本书的使用方法

我发现,早晨进行30分钟冥想的做法能让自己一天过得舒心、高效。如果你还没试过的话,我非常建议你也试试。根据个人工作和家庭状况的不同,你也许会发现在晚饭后花点时间这样做也不错,或者也可以在工作休息时尝试。我建议你做之前先简单打坐(有很多手机应用可以辅助你打坐)一下,最好再拿一个笔记本或者日志本写写记记,这样就能及时记下突发的灵感。此外,在静下来前,最好写下你那天要做的事情,反思什么样的想法会分散注意力,但这可能会妨碍你要保持的平静。

思考的时候可以翻开这本书。原计划是让大家每天阅读一章的内容,但你可能要在一天内的不同时间阅读两次以辅助思考。本书有为期50天的计划,因为心理学家说,改变行为习惯至少要45天,如果你不习惯每天都静坐反思,那你在读完这本书之前没准就可以让反思成为习惯。我们每天用这些词语来刺激思维:"我这样算不算是有自我感知(第一天)、虚怀若谷(第二天)、宽宏大量(第三天)的人或领导呢?"如果回答"是",那么恭喜,你以后会变得更好;如果回答"否"也别担心——我们都有优点和缺点,然后通过努力解决缺点。

每一天的主题的定义都能在字典上找到,我查到了这些词的好几种来源,选择了表达最清晰的定义,来描述我想介绍的优秀品质,为了理解含义,你可以自己重复默读一两次。每章都引用了一些杰出人物的名言,你可以好好思考这些名言,因为它们通常和我们研究人性特点时所站的角度略有不同。每章的主要内容需要花4~5

分钟的时间阅读，通过我与他人的故事及经历来探索每部分中介绍的优秀品质。最后，为了反思当时想到的问题并在笔记本里明确记录，我有几点建议。通常来讲，你一天之内就能实践这些建议。我建议你在反思的环节上至少花7分钟，也就是说，每天总耗时应该为12~15分钟，如果反思和记笔记对你而言已是常态，那就先冥想10分钟。当然，这不是硬性规定，你可以用最适合自己的方式使用这本书。

领导者的优秀品质

本书描述的优秀品质并不详尽，但都根据对从古到今怀有仁爱精神，并为他们所居住的世界做出过巨大积极影响的领导者的观察得来。我们常常出于尊敬而效仿榜样，我研究古往今来的道德巨人时亦是如此。我每天还会苦于自身缺点，就像我家人和同事所抱怨的那样。显然，这本书并不只是专门为领导者而写的。因为，即便只达成了本书讨论的某几个优秀品质，其他人也会受到启发并追随你，这也是你能成为领导的原因。这也是为什么很多人并不认为自己是领导者却有很多人愿意追随，很多自诩为领导者的人却相形见绌！

本书中的计划没有特定的优先级顺序，也没有难度的分级。所有读过的人都可能觉得自己在某一领域进展更快，而在其他领域需要更多努力。人无完人，多年的生活经验表明，我们每天都能比前一天更完整，更善于爱他人。培养出一个或多个这样的优秀品质有助于你激励他人、感动他人和帮助他人，世界会因此变得更美好，这也是我梦寐以求的。好了，现在我们开始阅读吧。

目 录

第一天	自我感知	001
第二天	虚怀若谷	007
第三天	宽宏大量	012
第四天	善解人意	017
第五天	亲切和蔼	022
第六天	享受独处	026
第七天	活泼开朗	030
第八天	甘为人仆	035
第九天	心怀感恩	040
第十天	善良仁义	044
第十一天	慷慨大方	049
第十二天	勇于创新	054
第十三天	知足常乐	060
第十四天	仁爱待人	065
第十五天	勇敢无畏	070
第十六天	自我牺牲	075
第十七天	笑口常开	081

第十八天	敏感脆弱	086
第十九天	诚实正直	091
第二十天	顺其自然	096
第二十一天	包容宽广	101
第二十二天	默默无闻	106
第二十三天	来者不拒	111
第二十四天	不厌其烦	116
第二十五天	热情好客	121
第二十六天	缄默寡言	126
第二十七天	能屈能伸	131
第二十八天	团结协作	136
第二十九天	相互共生	141
第三十天	目标明确	146
第三十一天	忠贞不渝	151
第三十二天	联系紧密	156
第三十三天	热爱和平	161
第三十四天	温和友善	166
第三十五天	求知若渴	171
第三十六天	悔过自新	176
第三十七天	保护弱者	181
第三十八天	相信直觉	187

第三十九天	不偏不倚	193
第四十天	自律自强	198
第四十一天	明察善断	203
第四十二天	博爱众生	208
第四十三天	公平正义	213
第四十四天	诚实守信	218
第四十五天	自我照料	223
第四十六天	待人友爱	228
第四十七天	沉着冷静	233
第四十八天	坚持不懈	238
第四十九天	真诚可靠	243
第五十天	一心向好	248
致谢		253

第一天　自我感知

Self-aware

◆ 词语定义 ◆

▶ 对自我的感情和个性等有所感知。

◆ 名人名言 ◆

▶ 最可怕的骗子就是你自己！

——索伦·克尔凯郭尔（Søren Kierkegaard）

丹麦宗教哲学心理学家

▶ 任何激怒我们的事物都能引导我们认识自己。

——卡尔·荣格（Carl Jung）

瑞士精神分析专家

▶ 自我感知是我们从旁观者的角度去审视自己的思想、目的、经历、言语、行为、习惯和欲望的能力。

——史蒂芬·柯维（Stephen Covey）

管理学大师、人类潜能激励大师

观点论据

在向精进领导力迈出第一步前,我们有充分的理由先行了解一下自我感知。我敢说,在自我感知没有提升的前提下,想要成为整个世界急切需要的顶尖领导人是毫无可能的。2020年,在与蒂姆·费里斯(Tim Ferriss)共同主持的一个电台节目中,布琳·布朗(Brené Brown)博士声称,世界上充满大量的仇恨和痛苦的原因正是人们缺乏自我感知,我对此表示认同。回顾我们遭受过的低能领导,正好说明了自我感知能力低下或者缺乏是普遍现象。在写这本书的同时,我想起了曾经认识的一个典型人物,他完全不知道他自己是如何影响周围人和事的,也不知道他留下过破坏痕迹,而面对人们对他造成的负面结果的指责时,他只告诉人们要脸皮厚些。

塔莎·欧里希(Tasha Eurich)在她的著作《洞见:自欺世界中自我意识的力量》(*Insight: The Power of Self-Awareness in a Self-Deluded World*)中声称,多年的研究表明,95%的人自认为拥有理性的自我感知,但真正拥有理性的自我感知的人只有10%~15%。我们必须搞清楚,自我感知不同于自我沉浸,自我沉浸是一个由社交媒体助长而成的世界性曲解。而自我感知有两层意思:一是对我们本身的强项和弱项有准确的认识,意识到什么因素左右着我们的心情,让我们产生喜怒哀乐、何时我们能表现得更好,以及影响我们特定表现的原因;二是对我们与外界建立的联系和对他人的影响有清醒的认知。

总而言之,正因为对自我感知的了解和定义不清晰,才会有那些从没有想过自己是否具有自我感知的人，且他们大概也不会来读这本书。那些认为自己有自我感知的人，大多数实际上并非如此，他们可能忽视了自我感知有两个层面：内在层面和外在层面。但是，我们还是别对自己太悲观了。倘若你正在读这本书，你非常可能意识到，你自身在某些领域和领导力上将会有所进步，并且发现有些章节的标题与你自认为可以改善的领域相关，因此希望你能继续阅读，并有所收获。

关于第二层面，对自我感知的外在层面的表现形式的崇尚，是在我少年时醒悟的。当然，这也让我失去了一些天马行空的幻想。我十七岁时参加了一个少年组织，出于某种原因，组织领导决定开展一场"消除分歧"的活动。我们奉命反省自己是否与他人有矛盾，然后在他的指示下，我们去找别人谈话。铃声一响，我就与身边的人讨论起来。我抬头一看，准备与我谈话的人排起了长长的队伍，房间的其他区域空无一人。那一刻，我才意识到先前因为年少而未能察觉到的自我感知给他人造成了巨大的影响。幸运的是，这个事件对日后的我有着正面意义。我经常想起人们当时对我所说的一切，并从中获益良多。简而言之，那是提高自我感知的关键。那并非对自恋心理的自我反省，而是从事件和对话中抽身而出，采取客观态度，从中体悟。我为什么会有那样的感觉？下次我会怎么做？这让我们不再止步不前，而是开始进步。

特里·怀特（Terry Waite）是一个绝好的自我感知觉醒的案例。1987年，他为释放人质参与了与犯罪分子的谈判。他本人曾被监禁过将近5年的时间，前4年被单独关押。很少人能像他一样花4

年多时间透彻地思考自己。因此，我主张要阅读特里的所有著作，这些著作展现了伟大的自我感知形成的过程。被释放后，他在1996年撰写了《记忆中的脚步》（*Footfalls in Memory*），讲述了他年轻时的经历，其中一段节选如下：

> 我害怕在别人面前暴露自己最隐秘的弱点，但我还是鼓起勇气敞开了心扉，那是我生命中很小却意义重大的一步，原因之一就是我开始意识到，我如同大多数人一样，常会自我欺骗。那些忏悔者也好、我的心理医生或朋友也罢，他们的客观评价对于一个成长中的人似乎是难以接受，却非常关键的。

为了更详细地了解自我感知的本质，我且讲述一个虚构的职场实例吧。某时兴行业公司的部门主任，姑且叫她海伦吧，领导着一支很大的团队，面临的问题是要把业务再升一级，与此同时也会承担更大程度的财务风险。这是她以前没有尝试过的。尽管其他股东和银行都怂恿她尝试，但她不太想冒这个险。在他们说到可能引发的债务问题时，她会立即感觉头重脚轻并伴有恶心，有一次还不得不在谈话中途就离开现场。因为海伦是最大股东，理事会就打算放缓进程，但几个月过去了，整个业务陷入了停滞状态。由于自我感知的作用，她心知肚明自己的财务状况经不起冒险，于是就请了个导师来帮她探究财务上焦虑的原因。原来，海伦有个常常赌博和酗酒的父亲，曾经把家里基本生存所需和她上学买校服的钱都挥霍了，对深陷债务和缺钱吃穿的恐惧就在她心里埋下了根。即便她现在生活比较富足，这样的恐惧感仍然困扰着她。海伦允许他人深入其自我感知，表明她认识到了自己在该领域有缺陷，于是托付他人在财务风险上出主意，而她自己不会对此指手画脚。

我们或多或少都会经历各种程度的精神创伤、身体伤害和情绪沮丧，这些都可能给我们留下后遗症，并在成长中有意制造屏障来保护自己免受伤害。这些防护机制可能是围绕那些恐怖经历而引发的某些特定行为，并随着我们越来越熟练地以戴面具的方式或相应的应对机制生活，恐惧和不安就在我们内心深处扎了根。自我感知的形成就是意识到这些盲点，或者发现我们所谓的"常态"与大多数人的"常态"大不相同的地方。

那么我们应该怎样培养自我感知呢？第一，要花些时间思考自己的价值、性格和生活的方方面面，这也是我们要在本书的后续章节中要做的事情。在本章开始引用的名言中，史蒂芬·柯维讨论了以旁人的客观视角看待我们自己的能力，建议你阅读一遍。第二，学会将内心的情感和感受到这种情感的原因联系起来。如果情感在交谈间流露出来了，学会在开始回答前停顿并思考一下是有帮助的，这样我们就能得到深入认识自己的机会。第三，向别人寻求建设性的反馈建议，这能帮我们找出盲点所在，明白他人对某些问题截然不同的观点会让我们的认识更加深刻。最后，我们要学会接受自己，我们是拥有各自不同的痛苦、恐惧和弱点的独特个体，而且要承认，我们永远都不可能完美，永远都在学习，并会因为受到他人的鼓舞而改变，这是成长为一个有自我感知的领导的第一步，多么令人激动！

> **行动指南**
>
> 本章介绍的培养自我感知的方法：
>
> 认真思考一下，你对自己有多了解？你可能会发现，静下心单纯思考你自己是多么简单的事。把脑中浮现的想法都记下来。
>
> 回想上次你因他人的言行而恼怒或沮丧的时候，你想过你当时为什么会有那种感觉吗？
>
> 询问他人你的优点和缺点有哪些，同时你还要告诉他们一些注意事项，但我保证，这终会有回报，还会培养出自我感知。

第二天　虚怀若谷
Humble

◆ 词语定义 ◆

▶ 在行为、态度和精神上都颇为温和或谦逊，不自傲或自以为是。

◆ 名人名言 ◆

▶ 谦卑不是把自己看低一些，而是少想到自己一点。

——C. S. 刘易斯（C. S. Lewis）

英国文学家

▶ 要求别人记住我，于我而言太过个人主义了，我要把这种思想抛回南非老家，我要的只是一方刻着"曼德拉之墓"的碑石。

——纳尔逊·曼德拉

▶ 谦虚如同内衣裤，必要但羞于展露。

——海伦·尼尔森（Helen Nielsen）

美国剧作家

▶ 谦逊是不管自己，完全专注于某件事或某个人。

——马德琳·恩格尔（Madeleine L'Engle）

美国作家

观点论据

圣雄甘地绝对是有史以来最谦逊的人之一了,他是人性的化身,在他身上能看到很多来自印度的和印度以外的古代先贤的影子。

甘地经常会在他组织的聚会上端茶倒水。以他的背景和身份,他本不该做仆人做的事情,但他还反过来安慰那些本该做这些事的仆人,不是因为他们做错了,而是因为他觉得这是他应该做的。我们从苏吉斯·拉文德兰的著作《领导者》(*The Being Leader*,2014)中可见一斑:

> 甘地去给他资助的某个组织讲课时,再一次展示了什么是谦虚。没人知道他长什么样,所以当他出现时也没人认得出他。他走进组织的大楼,身处正为他即将到来而急匆匆准备的人群之中,他注意到楼层的某个角落需要人打扫,于是就去打扫了。当人们最终意识到他就是甘地的时候,便目瞪口呆地问道:"您怎么能干扫地的活呢?"
>
> 而甘地回答:"因为这里需要打扫一下。"

甘地的回答对我理解谦虚的定义有很大的启发。甘地的想法和我们很多人的不一样。假如我处于相似的情况,我或许会想:"我知道这活不该我来干,但我可不想在肮脏的屋子里讲课,所以我只能自己干!"或者"我不该干这活,但总有人要干。"然后我就能体面地解释,为什么在讲课前还要拿着一把扫帚。我的反应恰恰与谦虚是对立的，是有违人性的，不是刘易斯说的"少想自己一点"，换言之，我是利己主义者。甘地并不觉得自己与众不同，也不认为自己更优秀或更重要，当有活需要干的时候，他正好没事做，干脆就捡起了扫把，因为总有人要去干。

还有个故事，甘地因为某件事要坐火车去另一个城市。众所周知，甘地总是坚持要买三等座的票，而不像别的他这种身份地位的人一样买头等座。在不知道他是谁的情况下，同程的一个旅客在他坐的木长椅上躺下，占用了大部分的位置，甚至把甘地的腿当枕头，枕在他大腿上。甘地一整夜都没让他起开，只是静静地坐着，自己根本没睡好。到达目的地的时候，成千上万的人在那里欢迎甘地，那个旅客立即变得态度万分诚恳，祈求他的原谅。如果他在启程前有这样的态度的话，就不至于陷入如此尴尬的境地。

我们做了善事却拒绝接受他人的感谢或赞美也算不上谦虚。事实上，极力婉拒赞美往往是伪装的骄傲，而且暗地里还想要别人的注意和赞扬你的谦逊，这就是俗称的假谦虚。真正的谦虚是接受自己的确做了某件善事，同时又知道做善事的能力和意志来自身外，我们恰逢其时地做了这样的善举，这是非常幸运的。你可以因某些事朝着好的方向发展而满意，但不要认为你就因此比别人更优秀，二者并不矛盾，尤其你应该知道别人也一样可以做得这么好。如果你在生活或者事业上有所成就的话，很容易不由自主地认为你比别人优秀，但如能保持谦虚，你会获得更大的尊重。

在《返璞归真》（*Mere Christianity*）中，刘易斯谈到一个真正谦虚的人会用真情实感关爱和倾听他人。我们大多数人非常渴望表达自我，过于以自我为中心，听不进去别人的意见，常使对方觉得自己被忽视。为他人的成就感到高兴是真正的谦虚吗？这包括祝贺和支持他人的成功，而非庆祝自己的成就吗？如果这样，我们很多人仍然有很大的提升空间——从我每天在社交媒体上看到的情况来判断。

我见过的名人不多，但据我在各种场合的观察来看，名人似乎可分为两种类型，第一种类型是例行公事、走过场的名人；第二种类型的名人占比较少，他们会花很多时间与粉丝们见面聊天，似乎非常喜爱粉丝，让粉丝们非常惊喜。第二种类型的名人更能意识到自身的缺点，不认为自己比粉丝们强多少。

我们能否成为受人尊敬的人，这与为人谦逊与否无关。对处于某个领导地位的人来说，他可能会对事物的重要性更加敏感——这就是为什么领导者认识到并践行谦逊是至关重要的。这或许是该特征的难点，我们究竟如何践行谦逊？怎样评估自己有多谦虚？我们可以问别人自己是否耐心、善良和谦虚，但直接问别人我们是否谦逊是可笑的。正如上文提到的："谦虚如同内衣裤，必要但羞于展露。"只有我们自己知道自己是否穿了内衣，只有通过自我反省，才能摆脱与谦虚相反的骄傲。

行动指南

要践行谦逊，首先：

提醒自己，你在世界上是渺小的、微不足道的，无论你身在何处，此刻能站在这里都非常幸运。

花一二分钟的时间，想一想你崇拜的某位真正伟大而谦逊的领导者，或者你见过的某个谦虚的领导者，他们是不是都觉得没有必要过多地谈论自己。

　　有意识地去倾听别人，对你今天遇到的人产生真正的兴趣。当你和他们交谈时，提醒自己他们做得比你好。

第三天　宽宏大量
Forgive

◆ 词语定义 ◆

▶ 能宽容他人的冒犯、亏欠等，意即原谅。

◆ 名人名言 ◆

▶ 当你憎恨他人的时候，你就通过一条情感的链条和那个人或那个人的状况连在一起了。而且这个链条坚固如钢。宽恕是熔解这条链条并解放自己的唯一方法。

——凯瑟琳·庞德（Catherine Ponder）

美国神父

▶ 原谅别人就是释放囚犯，然后你会发现，那个囚犯就是你自己。

——路易斯·B. 史梅德（Lewis B. Smedes）

美国作家、伦理学家

▶ 软弱的人不懂得原谅，原谅是强大的表现。

——甘地

▶ 无论信仰什么，在爱他人之前必然要先学会原谅他人。

——特蕾莎修女

观点论据

纳尔逊·曼德拉的朋友,作家理查·史丹格(Richard Stengel)经常在私下观察伟人,我很感谢他。在《曼德拉之路》(*Mandela's Way*)一书中,他谈道:

> 曼德拉在大半生里不被善待却还能发现别人的诸多优点,这样的人是非凡的。其实有时候跟他交流挺懊恼的,因为他几乎不说别人一句坏话,甚至对想置他于死地的人,他都不会说一句反对的话。有次我跟他谈到南非前总统约翰·福斯特,他是一个纳粹同情者,曾加强种族隔离政策,并对曼德拉及其同志没有被处决这一事实感到后悔。"他是个很得体的人,"曼德拉很真诚地说道,"首先他非常有礼貌,谈到我们的时候也会使用礼貌用语。"

在自传《漫漫自由路》(*A Long Walk to Freedom*)中,曼德拉提到一个压迫他们的监狱指挥官,这个人在罗本岛的恐怖统治让曼德拉及其同志遭受了地狱般的虐待,而曼德拉却这样说:

> 没有人生来就带有偏见,没有人生来就是种族主义者,没有人内心是邪恶的。恶念是通过境遇、环境和教养灌输给人的,这并非是天生的。种族隔离让人变得邪恶,但邪恶不会产生种族隔离。

在我看来，这几句话证明了曼德拉的宽宏大量。一个宽宏大量的人会相信每个人身上都有善念。的确，人可能都有过出格行为，但总的来说还是心存善念的，不论这份善念多么渺小。欣赏敌人、宽恕敌人，会给这份善念一个展现的机会。或许你现在就想起了某个人——他曾经伤害过你或是你的家人，而你在纠结是否要原谅像他一样的人。

现在花几分钟来想想凯瑟琳·庞德的话："宽恕是熔解这条链条并解放自己的唯一方法。"我们很多人都知道，怨恨对自己没有丝毫益处，但我们不知道该从哪里开始原谅。好几次我对父母和同伴缺乏宽容之心，让这些情感锁链阻止了双方关系的进一步发展。我们很多人都有过这种经历。原谅他人绝不是宽恕别人的所作所为，也不意味着他们不需要承担行为的后果，但原谅释放了我们内心的某些东西，不原谅会阻碍我们前进。

有个朋友跟我分享了一个故事，一位妻子有了外遇，后来她良心发现，意识到自己犯了一个大错，于是请求丈夫的原谅。丈夫选择了原谅，并欢迎她回家。后来她怀孕了，孩子生下来后，从肤色可以明显看出她丈夫不是孩子的生父。但他还是选择了接受这个孩子，将其视如己出，抚养成人。我觉得这个故事中的"原谅"极具挑战性，如果我是故事中的那个男人，能想出各种义正词严的理由不原谅妻子，但他选择了原谅。我们也听说过一些令人惊奇的故事，比如父母居然原谅了杀害自家孩子的凶手。无法想象，他们为什么会这样做？这一定非常困难。但事实上，缺乏度量、心有怨气的想法会慢慢消耗自己。虽然宽恕恶行似乎是不可能的，毕竟这会带来痛苦并挑战我们的人性，但是宽宏大量会给我们带来益处，也是唯一能让我们继续前行的办法。

我们一直谈论的是对严重问题的宽恕行为，但人们在家庭和工作场所中日常产生的小怨恨同样会有类似的影响，尽管影响较小。怨恨或许是下意识的，对他人怀恨在心会给人一种潜意识的信息，即你不在乎他人，无法接纳他人。我们不知道这种情绪是如何在神经系统层面传递给他人的，但请相信我，无论是通过肢体语言还是面部表情的细微变化，别人都能看得出你是否已经原谅他们。所以，我们要下定决心选择宽容和原谅并为之努力，不要抱着怨恨生活。从小事做起，继而转到大事，我们会更快乐、更充实，摆脱恨意的束缚。

虽然本书中的个性或特质之间都有联系，但比起我们将要研究的其他特征，原谅他人与内心满足和内在快乐之间的联系可能更为紧密。原谅他人对自己和别人来说都是一种愉快的体验，可以给所有参与者巨大的满足感和解脱感。

行动指南

通过今天的实践，日后会养成良好的行为习惯。

你今天要见的人，是否让你或多或少地感到愤怒？现在开始积极主动地原谅他们。如果你不想这样做，可以设想他们现在就在屋里，并对他们说自己已经原谅他们了。如果之前没做过类似的事，这种做法也许会有点奇怪，但这是可行之计。舒心的感觉可能会来得晚些，也可能不会来，但无论如何也要积极地原谅他们并继续保持这样的行为习惯。

无论是其已死去还是活着,你还有过去没原谅的人吗?想象他现在就在你身边,对他说原谅的话吧。

换个角度看,你认识的人中有对你怀恨在心的人吗?你能通过对话鼓励他们原谅你吗?如果今天见不到他们,那就找其他机会去实践吧。

第四天　善解人意

Empathetic

◆ 词语定义 ◆

▶ 从同理心出发、与同理心相关,或以同理心为特征的对他人的感受、思想或态度的心理认同。

◆ 名人名言 ◆

▶ 培养同理心,就是设身处地为别人着想,以他人的视角看世界。同理心是一种能改变世界的性格品质。

——巴拉克·奥巴马(Barack Obama)

美国前总统

▶ 当领导者需要同理心。领导力就是一种理解并同情的能力,激励人们生活,为人们的生命注入力量。

——奥普拉·温弗瑞(Oprah Winfrey)

美国脱口秀主持人

▶ 我想我们都有同理心,只是没有足够的勇气展现。

——马娅·安杰卢(Maya Angelou)

美国诗人、活动家

▶同理心就是在自己身上找到另一个人的回声。

——莫欣·哈米德（Mohsin Hamid）
巴基斯坦裔英国小说家、企业策划人

观点论据

"empathy"（同理心、共情能力）一词来自希腊语"empatheia"，由词缀"em-"（进入）和词根"pathos"（感觉）组成，表示走向和进入别人的痛苦之中，从一个地方走到另一个地方——从我们自己走向他人的空间、感觉和痛苦之中。如果我们曾经被出色的领导者所领导，并且在想起他们时会有情绪反应，那么这些领导者很可能同理心很强，这就是我们与他们产生联系的原因。我们若想成为鼓舞人心的领导者，便需要培养同理心。或者更准确地说，我们要培养内心的共情能力，这种共情能力在有些人身上比其他人更难以被激发——我相信你已经注意到这一点了。

通常来说，情感上更易释放的人更容易感受到他人的伤痛、苦难和欲望。在一些文化里，男性比女性更倾向于压抑自己的情绪，因此在培养同理心方面可能比女性更难。比方说，竞争力通常被视为一种更男性化的品质，同理心则被视作一种偏女性化的品质。当然，这并不是说女性就能把所有的竞争任务都交给领导团队中的男性，同样男性也不能把培养同理心的任务都交给女性。希望我们都能从中受到启发，平衡地培养这些领导应具备的品质。

有两个登上全球新闻头条的事件，都发生在时任领导者为女性的国家，但在同理心的表达方式上截然不同，我发现这个例子很有趣。一个几乎没有展现共情能力，另一个充分体现了共情能力。第一个事件发生在2017年，当时伦敦西部的一座高楼燃起了大火，当地居民经历了可怕的遭遇，但特蕾莎·梅（Theresa May）几乎没有和他们产生情感联系。格伦费尔大楼火灾的第二天，特蕾莎·梅虽然到达了现场，但只是与消防员和保安人员站在一起，没有要会见当地居民的意思（即使她没有同理心，但如果她选择跟居民们站在一起，也本该是一个很好的公关措施）。她的行为在之后遭到民众谴责，特蕾莎·梅开始对自己的行为感到后悔，并承认自己犯下大错，她说道："但格伦费尔大楼的居民要明白，当权者们能意识到也理解他们的绝望。我也很后悔那天没能见见他们，这样显得我很冷漠。"我认为，特蕾莎·梅虽然从理性层面知道她该关心灾民，但她没有表现出很强的共情能力。提供安慰本该是她对他人遭遇不幸的本能反应，有同理心的人会把这种反应置于首位，而其他的一切反应则是在这之后的。

与此形成鲜明对比的是两年后发生的事，新西兰总理杰辛达·阿德恩在基督城枪击案发生后慰问、安抚遇难者所在社区的群众。这件事因此登上了世界各地许多报纸的头条，内容都是在惊叹该领导人居然能有如此强的共情能力，这表明是否有同理心的评判标准其实很低。令我感到困扰的是，作为国家领导人，杰辛达·阿德恩的反应是如此的不同寻常。然而，她的领导力不仅是体现在象征性的同情姿态。后来，她就政府的下一步行动向遇难者家属征求意见建议，让其直接参与这场悲剧后的重建进程。在2020年新冠疫情期间，阿德恩的领导能力再次得到检验。由于很早就实施了封锁政策，新西兰成为世界上死亡率最低的国家之一。通过采取迅速的行动，她再次展现了强大的同理心。

事实是，共情能力是培养领导力的关键，这不仅仅是主观臆断。科学证据充分表明，工作上的共情能力对建立成功的公司和组织至关重要。根特里（Gentry）、韦伯（Weber）和萨德里（Sadri）在2007年发表的一篇论文中，分析了来自38个国家6731位领导者的数据，发现同理心与工作表现呈正相关，而且在某些文化里，具备同理心比其他因素更为重要。对直接下属有更强同理心的部门领导，上司会认为其有更佳的工作表现。权力差距更大的文化，即等级更森严的文化中，人的共情能力越强，工作绩效提升得更明显。他们通过研究得出这一结论：

> 该研究发现，理解他人是一种技能，显然有助于培养领导力。在某些文化中，共情能力与工作绩效的联系尤为显著。因此，同理心作为一种领导必备技能，需要人们加以重视。

好消息是，即使是年幼时没有培养出多少同理心的人，也可以在成年后学会培养同理心，并最好在成为领导之前培养起同理心。在我领导生涯的后期，我才开始明白同理心的重要性，但我多么希望自己能早点理解这一点。所以，我们该如何培养同理心呢？首先，要放缓步伐，别仅仅专注于目标或事业，而是要关注能帮助你实现目标的人。很多企业家都是目标导向型，有时容易忽视身边员工的感受。因此，放缓前进的步伐，花时间积极听取他人意见至关重要。在我看来，认真倾听时要关掉自己的手机。其次，鼓励其他领导具备同理心同样重要，应与团队成员建立适当的联系。为了建立更强的联系，大家坐在一起，仅仅是各自埋头工作也可以。再次，学会听出他人的言外之意也很重要，因为人们不会总是直接说出自己感受。最后，通过反思和冥想的方式提高自己换位思考的能力，这会让我们成为更好的领导者，这样一来人们会感受到你在尊重、聆听、信任他们，给予他们安全感。

如今，人们越来越多地在线上办公，通过屏幕维持人际关系，面对面交流越来越少，有同理心的人也越来越少了。因此，有同理心的领导者不仅会更加成功，甚至会像巴拉克·奥巴马说的那样"能改变世界"。

行动指南

今天，我们要学会带着同理心换位思考：

你有多强的同理心？你能理解他人的感受吗？你是否在以领导的方式与他人产生联系？好好反思这三个问题，把想到的所有答案都记下来。

任何糟糕的事发生时，我们的第一时间想到的是失败的目标还是那些正在面对失败的人？即使只是出了一点小差错，也要问问别人对这件事的感受。

就个人而言，与不如我幸运的人接触时，我发现自己的同理心会有所增强。有很多方式，如可以在社区做志愿服务、帮助他人，想想你能在这方面做些什么。

第五天　亲切和蔼
Gracious

◆ 词语定义 ◆

▶ 特点是善良与礼貌，表现出宽容与谦恭。

◆ 名人名言 ◆

▶ 如果一个人对陌生人能温文儒雅，这表明他是一个遵守世界秩序的良好公民。

——弗朗西斯·培根（Francis Bacon）

英国哲学家、政治家

▶ 我认为，有时待人和蔼比胜人一筹更重要。

——多乐士·基尔加仑（Dorothy Kilgallen）

美国记者

▶ 如果可以，请变得优美；如果迫不得已，请变得风趣；如果毫无选择，请变得优雅。

——艾尔西·德·沃尔夫（Elsie de Wolfe）

美国女演员

观点论据

一次我因工作去了阿根廷。有一天，我们要在一座大楼的顶层吃饭。也许是因为环境十分简陋，这件事给我的印象很深。坦白说，我从未受到过如此亲切的招待，主人上菜时态度谦逊、礼貌友好，这是我前所未见的。

我依旧很难准确地形容这段经历，难的不是描述主人给我盛饭的肢体动作，而是他由始至终都亲切和蔼的待客之道。每当我回想起这段经历，就想到这家店与很多英国餐馆截然相反的服务态度，英国餐馆的服务员有时会带着些许愠怒和轻浮的态度。在布宜诺斯艾利斯的那顿饭局，类似的情况根本没有出现，因为连给客人盛饭端菜的人都充满了恩典和仁爱。这段经历令我非常感动，我忍不住离开房间，跑到阳台上哭了起来。

在这本书中，我们看到的不同特征必然会有重合的部分。如果没有展现谦逊、温柔和友爱，这些词就不可能构成真正意义上的"亲切和蔼"。

在我们亲切待人时，不要对别人抱有期望——期待他们会对自己的行为表示感谢。这是由衷地奉献自我，不附带任何条件。回想那段在阿根廷的经历，服务员们并没有给我们留下这样的印象：因为要招待客人就认为自己在某种程度上低人一等。恰恰相反，我想他们会为自己的亲切服务而深感荣幸和自豪。可能还不止于此，他们非常高兴能为客人提供服务，没有任何的负担和顾虑。

我们很多人会认为自己并没有受到流行文化中名人声誉的影

响，但在被各种媒体24小时包围着的情况下，要完全摆脱这种影响比想象中困难。有时我们很难不去好奇，某个看上去才华不足的名人如何通过努力取得如此成功的地位。甚至我们可能会想："成功的人本该是我。"就个人而言，我花了很多时间希望自己能做点别的事情，而不仅是倾尽全力专注目前的事情，这让我在与别人交往时缺乏亲切和蔼的态度。

中世纪时期，"钦赐之家"是君主给臣民提供的免费住宿，以表达对臣民的感谢（有些至今仍然存在）。但受到恩赐的臣民们并不觉得自己真正配得上如此贵重的礼物。然而，对人亲切和蔼就是要慷慨地给予他人善意。

我经常收听一个商业播客，主持人盖伊·拉兹会对美国知名公司的创始人进行一个小时的采访，他总是以同样的问题结束每一次采访："在你看来，你取得成功是因为运气还是通过努力？"我听过不下50次采访，90%的创始人会认为，有95%甚至更高概率的成功都是因为运气，他们通常将其描述为"天时、地利、人和"。这些成就卓越的企业家感受到自己承蒙巨大的恩赐或好运，也都明白这种成功的结果可能会因为某时某地周围环境的一些细微变化而完全不同。他们明白自己的成就并非完全源于个人努力，这样的人在与别人打交道时，都会表现得更加和蔼亲切，也正因为这一点，他们才能成为出色的领导者，建立起非常成功的企业。

行动指南

那么,今天我们来学习怎么在与人交往时变得更亲切和蔼:

此时此刻有意识地提醒自己,我们所取得的一切成就并非完全归功于自身。在任何我们试图认为自己理应得到所拥有的一切时,请提醒自己并铭记于心——这是通过运气得来的。

今天,对身边帮助过你的人至少说三次谢谢,把这个行为变成日常习惯。

为了变得亲切和蔼,你今天能做些什么?你能否送给别人他们期盼许久的出乎意料的礼物?送他一份意想不到的礼物,陪他度过下午的休息时间,又或许临时带他出去喝杯咖啡或者吃顿午饭。

第六天　享受独处
Solitary

◆ 词语定义 ◆

▶ 孤独、与世隔绝的状态。

◆ 名人名言 ◆

▶ 当下,离开朋友与家人,刻意练习一小时、一天乃至一周的独处艺术,是一节艰难的课程。于我而言,停下来休息才是最困难的……然而,一旦完成这个过程,我发现独处是一种弥足珍贵的品质。生活一下子进入了空虚的状态,却变得更丰富、更鲜活、更充实!

——安妮·莫罗·林德伯格(Anne Morrow Lindbergh)

美国作家、飞行员

▶ 孤独是产生天才的条件,但孤独也可以扼杀天才。

——海伦·沃德尔(Helen Waddell)

爱尔兰诗人、剧作家

▶ 我孤寂地活着,年轻时痛苦万分,而在成熟之年却甘之如饴。

——阿尔伯特·爱因斯坦(Albert Einstein)

德国理论物理学家

▶ 如果你独处时感到寂寞,这说明你没有和你自己成为好朋友。

——让-保罗·萨特(Jean-Paul Sartre)

法国哲学家

观点论据

我在20世纪90年代读过特里·怀特的《接受信任》(*Taken on Trust*)。书中描述了他长达4年多的独自被监禁的生活及其对自己造成的影响。这本书当时对我影响深远,有人竟能在独处时探寻自己的内心到如此深的地步,这不禁让我感动。对我们大多数人来说,花费大量时间独处是可怕的,因为能否渡过难关尚未可知。

2020年怀特接受了《每日电讯报》(*The Daily Telegraph*)的采访,他谈到自己被关在只有一张薄床垫的地下室,每天只能去一次洗手间。他见不到光,读不到书,不准与外界接触。他甚至连看守都不能看一眼,因为每当有看守进来给他送餐,他都会被蒙上眼罩。就这样,他好多年都没见过其他人了。在这种极其孤独的环境下,怀特学会了更加悦纳自己,努力实现更深层的内在和谐。

怀特的最后一句话,是收获独处之益的关键,也是我们必须选择一些会独处的人作为领导者的原因。用"孤独"一词来形容领导者,可能会有些奇怪。因为将你称为领导者的全部意义在于你在领导别人,因此你充当了他们的挂名首脑。没错,那的确是一个领导者大部分时间的样子,但出色的领导者总是会花一些时间跟自己独处。无论是个人选择还是受到监禁,许多伟大的领导者会花很长时间与自己独处,这并非巧合。在安静且时而有些孤独的地方所发生的事情，可以塑造出有血有肉的领导者。独处的时间能激发我们的创新想法和反思行为，更为重要的是，我们能从中看清自己的内心，这是每个真正伟大的领导者已经达到的境界。

对我们来说，即使独处很难，我们也必须学会独处，拥抱孤独，享受孤独。有些内向的人只喜欢独来独往，现在他们需要约束自我，适当减少独处的时间。但对于外向的人，我经常向他们讲述花时间独处的巨大好处。久而久之，让独处时间保持神圣就会成为个人的行为习惯。一开始可能会很难，但我保证你会慢慢对独处时间产生期待。过去，在一些性格测试中，我在有时被认为外向，而在另一些测试中被认为内向，所以我认为自己介于外向与内向之间。但我深知，自己需要一些时间独处，尤其是离家出差后，与其他人相处了相当长一段时间之后，我会更加渴望独处的时间。

我很喜欢安妮·莫罗·林德伯格的名言，"于我而言，停下来休息才是最困难的"，独处是远离人群和社交活动的自律行为。我们如果花时间独处，这些时光便会变得弥足珍贵，就像一日三餐，就算缺了一顿饭也会惦记着它。我们都能理解疏远他人是有多困难——人们生活忙碌，有些人甚至会过于忙碌，因此难以与他人断绝联系。在有纪律约束的地方，我们难以让自己停下来休息。林德伯格女士是个忙碌的作家兼飞行员，她年幼的儿子遭到绑架勒索，甚至最终被杀害，因此，压力、奔波和艰辛对她来说并不陌生，可她还是渴望有独处的时间。

有什么事我们独处时能做，而被他人围绕时做不了呢？答案蕴含在自省的过程中。我们是时候该反思自己的所作所为以及行为动机了，看看自己所做的一些事情是否由于伤害和痛苦，即有条件地自我分析而不是无条件地自我分析。我们花时间读书、听音乐、听广播,但也要花时间独处,抛开任何东西,仅与自己为伴。我们的思绪有可能会飘忽不定,但这其实没什么不对的。我发现冥想练习有助于我活在当下,我能忘记前一天发生的事,静下心来计划当天要做的事。

我也有幸住在乡下,因此可以轻松远离家庭和办公室,能享受独处的时光,跟小鸟和大树待在一起。新冠疫情封锁初期,很多人第一次享受到了独处。我与很多领导者进行过交流,如今他们已将独处时间纳入了自己的日程安排,而且已经无法想象倘若没有独处的时间,自己将会如何工作。享受过独处及其好处的人,有时还会"自私地"挤时间远离人群(比如同事和家人)以独处,也许人们还不能对此表示理解。只要不是用独处作为借口,不去洗碗或者拒绝必须到场的会议,那根本都算不上自私。独处的时间激励我们为他人、企业的同事和家里的亲人付出更多。其他人很快就会明白,有独处的时间,会让我们成为更好的领导者、父母、同伴和朋友。

行动指南

我们今天能做些什么来学会独处?

午饭后或其他时间独自散步一会,享受一个人的时光,别忘了关掉手机!

在日记中安排一些独处时间,保证独处至少一小时,而没有别的日程安排。即使这很难做到,也要让其成为常态。

花点时间向同事和亲人阐释你每周有一些独处时间的重要性,并鼓励他们也这样做。

第七天　活泼开朗
Playful

◆ 词语定义 ◆

▶ 充满乐趣和情绪高涨的；嬉戏的或顽皮的。

◆ 名人名言 ◆

▶ 活泼开朗本质上是对任何可能发生的事都能看得开，是一种不会被任何事情打击到的态度。

——约翰·克里斯（John Cleese）

英国喜剧演员

▶ 所有的美好都是上帝的化身，活泼开朗这一特质也在其中，人类以外的其他生物也可以是活泼开朗的，例如，乌鸦歌鸣、松鼠好动和幼猫嬉戏。

——玛格丽特·阿特伍德（Margaret Atwood）

加拿大诗人、小说家

▶ 许多教师认为小孩儿只是不成熟的大人。如果我们把成年人看成是变小的孩子，也许会带来更好、更懂得"尊重"的教育。

——凯茨·约翰斯通（Keith Johnstone）

英籍加拿大即兴戏剧先驱者

观点论据

著名婴幼儿食品品牌艾拉厨房的创始人，保罗·林德利（Paul Lindley）有一本著作《小胜：像孩童一样思考所产生的强大力量》（*Little Wins: The Huge Power of Thinking Like a Toddler*）。在生活中，没有比活泼开朗的玩乐更能让孩子们学到东西的了。林德利引用了美国心理学家詹姆斯·布朗（James Brown）的观点，他认为剥夺玩耍的权利对成年人和儿童的影响都很大：

> 缺乏娱乐的成年人通常很刻板、缺乏幽默感、缺乏灵活性，而且不愿意尝试新的选择。娱乐能够增强人的创新能力、适应力和掌握变化环境的能力。娱乐不仅仅是一种逃避，它还可以帮助我们调和困难或矛盾的情况。

我曾是伦敦一个贫困地区的幼儿园园长，和所有的早期教育一样，学校课程的设定都是基于在娱乐中学习。这里根本没有单纯的教学，只有娱乐和实验，然而这所学校却赢得了优秀教育奖。许多成年人都能从孩童的寓教于乐模式中获益。通常，我们都过于严肃和成熟了，因此我们需要学会放松和享受生活。我认同凯茨·约翰斯通的观点："大人都是被世俗摧残的小孩"，而不认同"人在成年之前都是不完美的人"这样的观点。

在科茨沃尔德·法尔（Cotswold Fayre）公司，有五种不同的企业文化，到目前为止，团队中大多数人最喜欢的是"玩得开心，做事尽心"。即使在一年中非常繁忙和紧张的时候，我也经常能听到办公室里响起一阵笑声，我相信打电话的顾客也能听到这些笑声——这可能是顾客少有的不想听到的欢笑声之一，如果他们打电话是为了抱怨什么。

事实上，确实曾经有一个相当严肃的客户投诉我们玩得太开心了。我们过去经常在贸易展上与魔术师合作。当时的想法是，如果我们能在推动新业务的过程中获得一些乐趣，就能塑造良好的形象，吸引潜在的客户。相比我们周围的其他商户，客户会对我们更加印象深刻。魔术师西蒙会在顾客和潜在顾客来到我们的展位时，对他们施展魔术。一位顾客停下了脚步，他非常生气，几乎气得耳朵都喷出气。他问我，为什么在我们本可以给他更优惠的价格的情况下，却在魔术师身上浪费钱，然后跺着脚走了。

几年前，在我们团队的一次匿名调查中，有这样一个问题："你喜欢来上班吗？"我们一致回答："是。"我认为这不是巧合，这是因为我们的员工在工作中体验到了乐趣。是的，和其他公司一样，我们也有严重的问题，但学会娱乐是成功和高效的基础。事实上，在保罗·林德利的艾拉厨房工作的时候，你可能会认为自己走进了一个儿童游乐区，而不是过去20年来最成功的快速消费品（FMCG[①]）品牌之一。几年前，他们甚至把一间会议室变成了一个球坑！在保罗出售公司之后，这种乐趣仍能持续很长时间，这表明这种价值已经深植于他们的企业文化之中。

---

① 全称为 Fast Moving Consumer Goods。

娱乐对创造力的产生至关重要。事实上，许多科技公司都为员工留出了娱乐时间，让他们在完全脱离公司议程的情况下自由活动，做自己的事情，从而产生一些非凡的创造力。明尼苏达矿务及制造业公司（Minnesota Mining and Manufacturing，3M）就是一个典型的例子，长期以来，该公司的理念就是让员工有时间去娱乐。有一天，他们的一个团队正在试验并试图开发一种黏性非常强的胶水，但不幸失败了，成了世界上黏性最弱的胶水。但它却有恰到好处的黏性，于是成为该公司最成功的产品之一：便利贴。如果一个工作场所过于专业和严肃，那么它就不能一家能灵活适应新形势的公司——随着世界以前所未有的速度变化，学会娱乐这一点比历史上任何时候都更为必要。

例如，我们都有试图记住某人名字的经历，尽管每个神经元都紧张工作着，但我们就是无法记住它。然后，同一天晚些时候，当你四处游荡，什么都不想的时候，这个名字会突然出现在你的脑海里。游戏就有点像这样：参与游戏时大脑的创造性部分会被激发，最好的想法和创造就会出现，这对我们大有帮助。在科茨沃尔德·法尔公司，会议开始时，我们会开展一项有趣或幽默的活动。我保证，如果你还没有这样做，不如试一下，你会有更好、更有成效的会议。不要认为在开会时做一些看似微不足道的事情是在浪费时间，会消耗"业务部分"所需的时间。事实上，这会让会议变得有趣，加快会议的决策过程，因为人们大脑中富有创造力和直觉的部分会因此更加活跃。

在我还算是个新手的专业演讲领域也是如此。我相信，那些让你印象深刻的演讲,恰恰是那些带有幽默或玩笑元素的演讲。这一点在学校集会上尤为明显。如果早上做报告的是那个总能让我们开怀大笑的老师,即便他在说一件严肃的事,礼堂里仍会传出一片兴奋的低语,我们会牢牢记住他所说的内容。相反,若那天的演讲者说的内容毫无趣味可言,我们很快就会忘记他的演讲内容。所以,如果我们想要持久地改变,那就让我们玩得开心点吧,不仅仅是在舞台上,还要在我们日常的领导活动中。

行动指南

我们来学习怎么培养活泼开朗的性格:

别人认为你很严肃还是很有趣?作为一个领导,怎么带入更多乐趣到工作中?

现在想出一些有趣的点子带入工作,让工作环境变得不那么沉闷。如果你以领导者的身份做出这种榜样,其他人就会开始在会议中效仿你。

如果你经常有会要开,那就在下次会议开始的时候想出一个有趣活动,以此来激活人们主管创造力的右脑。比如,最近的一场会议上,让先到的人都戴上帽子,那么后到的人就会不禁想要知道究竟发生了什么。

第八天　甘为人仆
Servant-like

◆ **词语定义** ◆

▶ 一人向另一人表示顺从或认可。

◆ **名人名言** ◆

▶ 仆人式领导首先是仆人，他怀有服务为先的美好情操。他用威信与热情来鼓舞人们，确立领导地位。他与那些为领导而领导的人截然不同。

——罗伯特·格林里夫（Robert Greenleaf）
美国现代仆人式领导运动发起者

▶ 领导职能的公仆化并不只是一个概念而已，也是一个事实，任何伟大的领袖，包括所有团队里的道德领袖，都会将自己视为那个团队的公仆，也会做相对应的事。

——M.斯科特·派克（M. Scott Peck）
美国心理学家

▶ 为他人服务就是为你在地球上的空间付租金。

——雪莉·奇瑟姆（Shirley Chisholm）
首位当选美国国会议员的黑人妇女

▶ 人人都可伟大……因为人人都可以为他人效力。获得服务不非得有大学文凭才行。

——马丁·路德·金

观点论据

让不同年龄段的人列举出一个展示出仆人式领导美德的人，我们中的大多数都会想到同一个人，一个在印度加尔各答贫民窟工作了几十年的阿尔巴尼亚修女——特蕾莎修女。一位与她一起工作了十多年的公务员在新加坡的《海峡时报》上称她是"仆人式领导的化身"。正如罗伯特·格林里夫所说，她首先是仆人的身份，而不是一个领导者。这与许多受权力和物质欲望驱使的领导者是多么不同啊！这位特蕾莎修女的观察者将那些采取领导优先或仆人优先的方法的人视为代表两种极端类型的人，在这两种类型之间，是各种人性阴影与光芒的混合。特蕾莎修女认为自己首先是一个仆人，她的领导地位就是由此而来的。对她来说，领导是一种服务形式，这就是它的意义所在，这种做法与我们今天在西方看到的一些领导方式非常不同。作者后来将对仆人式领导的真正考验描述为"她及她所领导着的人的积极成长"。

然而，我们现在能经常在企业、组织甚至宗教机构中看到这种领导者吗？许多领导者希望被服务，而不去服务。在商界，他们期望的薪资有时会是公司平均薪资的200~300倍，他们的薪水甚至可以负担得起在家里雇佣仆人的花销。他们从没想过亲自泡茶或咖啡，更不用说为办公室里的其他人端茶倒水了。在某些地方，领导者行仆从之事被认为是很奇怪的。我们办公室的接待区，有一个画廊，里面是公司里所有员工的照片，它们被随意地排列在相框里。一些访客提到，为什么领导没有被安排在高层最显眼的位置。这对我来说很奇怪，如果有什么区别的话，那就是领导者应该站在最底层，以表明他们对下属的支持。

一个领导者不把自己置于他所领导的人之上，这简直颠覆了所有人的观点。西蒙·斯涅克的著作《团队领导最后吃饭》（*Leaders Eat Last*）探讨了仆人式领导的完整概念，书名灵感源自美国海军陆战队。在那里，领导者总是在最后时间才能被招待用餐，这是他们文化的一部分，因为他们知道，领导者就应当把他所领导的成员放在第一位。

我们每个人对领导者的理解和体验大多与此相反，不管喜欢与否，这种观念都会通过潜意识传递给我们。所以当我们发现自己处于领导地位时，我们的行为就下意识地与那些榜样相似。公众知名度高的领导者，像政治家、企业首席执行官等，在很多情况下都展示了错误的领导做法示范，以至于我们的孩子在成长过程中错误地认为这就是当领导该有的样子。更糟糕的是，我们中许多人都遭受过没有仆人品质的领导者的迫害，而且仍然心有余悸。我们都知道，有一些领导者会自命不凡，对我们严声呵斥，欺负我们，更糟的还会虐待我们。没有甘为人仆这一特质的领导者，在当今世界是没有立足之地的。理想中真正的领导者会令人如沐春风，细心呵护被领导者，享受为他人服务的乐趣。但许多领导者，尤其男性领导者，都擅长用权力威胁而不以德服人。

2018年12月，我与一位现代神秘主义者以及12位来自不同文化背景的领导者在印度进行了一次精神漫步之旅。我们每天步行16~25千米，不吃午餐，晚上睡在寺庙的地板上，以前从来没有做过这样的事。在8天的时间里，我们的领头人以一种罕见的方式展示了仆人式领导力，这种领导力在整个团队中传染开来。一天晚上，在散步了10个小时后，我躺在"床上"（地板上的睡袋），一名印度成员主动提出给我的脚按摩。说实话，我对此感到不舒服，因为那天早些时候，我代表我的英国祖先对在印度殖民地的暴行道歉。作为施暴者的一方，我才应该给他按摩，但他不买我的账。在大约30分钟的时间里，我从这位领导者那里体验到了真正的仆人精神，并在那一刻瞥见了真正的领导力：一个甘于处于最低位，把别人放在第一位的人。它可以是一种精神上的体验，但我们必须把这种精神以实际行动带到自己的生活中，这样那些跟随我们的人才能真正体会到我们是把他们放在第一位的。

首先改变内心和态度是必要的，因为我们很容易沉湎于霸权，而不想为那些追随我们的人服务。我们迫切需要更多的仆人式领导的例子，不再需要那么多我们已经很熟悉的男性化、自我主义的以命令来控制下属的领导方式，这种领导方式与我在这里推崇的截然相反。在21世纪，出现了更多仆人式领导的例子，但我们必须加快仆人式领导成为常态的进程，当然，我们自己要带个好头。

行动指南

那么，我们怎么才能为他人服务？

花几分钟时间思考一下，作为一个领导者，你应该如何更多地为他人服务。例如：你在电子邮件中如何措辞，对于某件事情，你如何做，如何说？你是真的会服侍人，还是期望别人服侍你？

不妨设想一件你平时在家或工作中不常做的事，今天就尝试去做。

如果我们是领导者，我们有时会期望得到一些特殊待遇，比如坐在最大的办公桌上，或者在董事会上坐在中间位置。也许你可以找出一种方法，用看得见的方式把自己降到最低身段，然后将此与为他人服务融合起来。

第九天　心怀感恩
Thankful

◆ 词语定义 ◆

▶ 意识到自己受了他人恩惠。

◆ 名人名言 ◆

▶ 让我们都有颗感恩的心。即使我们今天学的东西不多，至少也学了一些；即使我们什么也没学到，至少我们身体健康；即使我们疾病缠身，至少我们依然活着。因此，让我们都有颗感恩的心吧。

——释迦牟尼（Buddha）

印度哲学家及精神导师

▶ 当你心怀感恩的时候，就不会有悲观或任何消极情绪。如果你正身处困难时期，那就找些值得感恩的东西。

——朗达·拜恩（Rhonda Byrne）

澳大利亚影视编剧和制片人

▶ 如果你一生唯一说过的祈祷词是"谢谢"，那已经足够。

——埃克哈特（Eckhart）

德国神学家、哲学家、神秘主义者

▶ 如果你对自己所拥有的感恩，你将会得到更多。但如果你专注于自己所没有的东西，那你永远都不会满足。

——奥普拉·温弗瑞
美国脱口秀主持人

观点论据

要问有没有什么可以有效地改变我们的生活，那就是感恩。每天有意识地努力去感恩，这将有助于在生活中培养我们渴望拥有的其他特征。经常心怀感恩可以给我们的生活带来快乐、谦卑、慷慨，甚至是韧性。在美好的时光里，以一种感恩的态度去生活是很容易的，哪怕不付出太多努力也能做到！但当我们与逆境做斗争时，还要怀有感恩之情，是很困难的。

感恩改变生活，我们都将因心怀感恩而拥有更健康的心理。有些文化向来就比其他文化更推崇感恩，我很遗憾地意识到英国不是其中之一，我们中的许多人倾向于消极看待事物而非积极。我不确定天气状况和感激的心态之间是否有关联，但英国人经常以抱怨天气开始交谈，他们的情绪似乎也经常受到天气的影响。不管是在下雨的日子、寒冷的日子，还是阳光明媚的日子，学会感恩，无论从字面上还是隐喻上，都是有益身心的。

感恩和幸福之间的联系不仅是传闻，而且是有科学证明的。美国加利福尼亚大学戴维斯分校的教授罗伯特·艾曼斯（Robert Emmons）博士在他的书《愈感恩，愈富足》（*Thanks*）中也证明了这一点。通过研究不同群体和对照组的各种实验表明，人们可以将幸福的阈值提高至25%。艾曼斯博士建议养成写感恩日记的习惯，并指出，那些参照这项研究而行动的人说，这样做使得睡眠质量更好，精力更充沛。显然，感恩与健康的身体存在着联系，而且对心理健康有着更明显的益处。

2019年初夏，我读到了艾曼斯的优秀著作，给我的生活带来了更多的感激之心。从那以后，我就养成了在一天之中的不同时间停下来感恩的习惯。那年夏天晚些时候，我们公司的批发业务对物流模式进行了重大改革，主要目标是为了让我们在配送流程中的碳排放量降低46%，但由于不可控因素导致仓库搬迁出错，好几周以来我们给客户提供的服务都很糟糕，整个管理团队都承受着巨大的压力。作为公司的领导，我的压力更重。对首席执行官来说，在工作中缩手缩脚可不是什么好事。在那段时间里，我日常践行感恩原则，每天工作前的冷静时刻我都会大声说出3件令我心存感恩的事情。有太多的事情值得感激，即使一切都在变糟。

回想一下那个夏天，它与2014年公司史上发生的那次危机非常相似，那次危机几乎让公司和我个人都彻底崩溃。当时，我没有积极践行感恩，因此心理健康受到了严重的伤害。到了2019年，在3个月的时间里，我们经历了绝望和挫折。那时团队用"韧性"来描述我们作为一家公司在那段时间里是如何挺过去的。我相信，这种韧性很大一部分都来自我们在公司会议中引入的感恩实践。

无论你是写感恩日记，还是记得要在每天开始或结束时去感恩三四件事，我保证你会注意到每一天的区别。即使你不相信自己会对自己身外之事感到感恩，但当提到你所感激的事时，你也可以保持一种感恩的态度。

最后，怀着一颗感恩的心，当别人为我们做任何事的时候，要学会欣赏。不要小声地说谢谢，而是要真心地感谢他们：看着他们的眼睛，表达你最真挚的感激之情。对于那些受雇为你服务的人，并不要因为你们是雇佣关系而不去表达谢意，真诚的谢意和赞赏会让他们在工作时表现得更出色，也会让你更满意。认为凡事都是理所当然是西方世界的通病，做一个感恩的领导者将有助于治愈我们的这种通病，也会让自己和同事的身心更健康。

行动指南

让我们一起心怀感恩：

写下或大声说出今天三件值得感恩的事，它们可能是对物质财富、人际关系或环境的感激。坚持在一周内每天都这样做，希望到那时会养成一种习惯。

当你感到有压力的时候，停下你正在做的事情，走出房间，或者出去散散步，对你所拥有的东西常怀感恩之心。

今天，当别人给你送东西的时候，积极地感谢他们，为他们送上一杯茶或咖啡。看着他们的眼睛，用微笑来表达你的感谢。这将点亮你们的一天。

第十天　善良仁义
Kind

◆ 词语定义 ◆

▶ 有同情心的或是乐于助人的特质。

◆ 名人名言 ◆

▶ 还等什么，现在就能开始慢慢地改变世界！每个人，无论伟大或渺小，当下就能为正义的事业奉献自己。你永远都可以给予些什么，哪怕只是散发善意而已。

——安妮·弗兰克（Anne Frank）

德国籍荷兰犹太起源研究作家

▶ 就像雨水同样洒落在公正和不公正的人身上一样，它会让你的内心不受审判的困扰，让你的仁慈像雨水一样洒落在所有人身上。

——释迦牟尼

▶ 善良的行为永远不会停止。一个善良的行为激发另一个善良的行为。这是一个很好的例子。一个小小的善举就会向四面八方生出根来，根就会长出来，长成新的树。善良对他人最伟大的作用就是让他们善待自己。

——阿梅莉亚·埃尔哈特（Amelia Earhart）

美国飞行员、诗人

▶居善地，心善渊，与善仁，言善信，政善治，事善能，动善时。

——老子

观点论据

《独立报》（Independent）对2017年爱莉安娜·格兰德（Ariana Grande）曼彻斯特演唱会上发生的恐怖爆炸案报道的主题之一就是善良。在报道中，记者描述了普通人在帮助有需要的人时是如何表现出善良和勇敢的。如果你还记得的话，这些善举最初是在消防和救援部门缺席的情况下发生的，这些部门因领导者的缘故在灾难发生时反应不及时。而当地居民为受影响的观众和他们的亲人提供了住宿，出租车司机也为这些人提供了免费乘车服务。曼彻斯特人民的善良精神在危难时期展现了惊人的韧性。当时的英国首相特蕾莎·梅说："虽然昨晚我们在曼彻斯特看到了人性最糟糕的一面，但我们也看到了最好的一面。无数的善举挫败了分裂分子的意图，也使人们更加亲近，在未来的日子里，这些善举我们定会铭记在心。"

"善良"一词在报道这场事故的其他刊物上也被多次提及，用以形容曼彻斯特人民的义举。我在这个伟大的城市长大，我知道它是座非常友好的城市，但我相信，在其他城市发生这样的事时，那里的人民也会像曼彻斯特人民一样善良团结。我也相信，人之初，性本善，人在面对困境时仍以义举当先。我们要努力做到的是在不同环境下都表现出善意。

究竟怎样才叫"善良",它与"友好""悲悯"或其他我们也会讲到的特征有何不同?"善良"这个词本身指一种行为,尽管有时小到难以察觉,但它仍能帮助到他人。跟"同情"这个词一样,善良被使用得非常频繁,但在其定义中隐含着日常可见的一些善良本质。而"同情"这个词通常用在被激起情绪后的特殊情况下。如果一个人是善良的,那么他就会时不时展露善良的性格,因为这是他固有的天性。所以对一些人而言,在本能的驱使下,善意会在危急或紧急情况下催生出意想不到的行为。

世界各地有各种慈善组织和机构,以促进善举发生的概率。善良对我们和这个世界都是有益的。科学证明,经常做好事的人比那些不行善举的人更健康,寿命更长。这是因为当我们做善事时,血清素、催产素和内啡肽会释放到我们的血液中。不仅如此,善举还能缓解焦虑,对我们的心脏和心理健康有益,也可以预防疾病。行善之人会意识到这一点:当你做了一件善事时,你的脚步会很轻快,内心会有愉悦感。

所以,善待他人就是善待自己,所以为什么不为这个世界增添更多善意呢?答案往往藏在我们的习惯性行为中。也许我们小时候善待他人却受到了某种伤害,这导致我们成年后不再善待他人,以避免遭受更多伤害。当我们感到沮丧时,我们很容易进入自我内耗。相反,往往正是通过做我们不想做的事情——在这些充满挑战的时刻走出自我舒适区——我们才可能开始感觉更好。利用大脑的一部分来设定友善的意图,然后做出友善的行为会在我们的大脑中释放化学物质,产生良性情绪,让我们感觉更好。难道这还不够简单明了吗，但首先要积极地去做善事。

关于善良的另一个有趣的事实是，它具有传染性。举个简单的例子，我们都经历过两种不同类型的交通堵塞，一种是每个司机都拒绝让步，极力地保住自己的位置，另一种是一名司机表现出善意，让其他几辆车先进去。主动让步行为会感染其他司机，他们也开始让车，由此可见善良也会传播。2016年7月，加米勒·扎奇做了一项名为"善意的传染"的研究，他总结道："人们不仅模仿积极行为的细节，还会模仿它背后的精神。"这意味着善良本身是具有传染性的，它可以在人与人之间传播，还会以新的精神形式传播。如果你仔细想想，会发现善良的力量是巨大的，它有可能改变社会、城市、国家甚至世界。

善良也意味着要关注我们周围的世界。尤瓦尔·赫拉利在他的书《今日简史》中描述了被他称作社会科学史上最肮脏的实验之一：1970年，长老会教堂一些受训牧师被要求去往一个很远的演讲厅做一场关于撒玛利亚寓言的讲座。用这个寓言来讽刺牧师，是他们所属的长老会故意为之的，因为在这个著名的故事中，一名男子遭受了殴打、抢劫并被留在路边等死。两个宗教信徒从旁边走过，于是救了他，这两位帮助他的人来自不同的种族，理应是他的敌人。现在，实验的组织者让一个衣衫褴褛的人待在门口，在牧师们匆匆经过时大声呼救。实验的牧师们被分成了两个小组，在时间上他们的压力程度也不同。但是时间最不紧凑的那组中的大多数人连停下来慰问一下都没有，更不用说帮助他了。他们如此专注于手头的任务，以至于看不到周围人的真正需求。作为领导者，我们大多数时候是不是也都因过于忙碌，承受的压力太大，以至于无法善待他人？

即使在我们很忙的时候，我们也要努力顾及他人，并寻找机会表达善意。这样，它将成为一种习惯，我们就可能会被别人称为善良的人。正如一家美国的慈善组织的标语所示：让善良成为常态。

行动指南

把今天变成充满各种善举的一天：

首先，先反思一下为什么自己待人不体贴或者为什么自己总活在自己的小圈子里而对他人不友善。如果你想到了什么特别的事情，想到了你曾对谁不友善，试着想象此刻他就在你面前，对他大声说对不起。

其次，计划做一件善事，去善待那些并不总是善待你的人，并把它写在日记里。

最后，再找些机会对陌生人做出善意的举动，可以是微不足道的事，也可以是不同凡响的事，但主动表现善意是关键。

第十一天　慷慨大方
Generous

◆ 词语定义 ◆

▶ 乐意大度地献出自己的金钱、时间等。

◆ 名人名言 ◆

▶ 最慷慨的人会默默奉献,而不会奢望得到表扬或奖励。

——卡罗尔·拉瑞·布林克(Carol Ryrie Brink)

美国作家

▶ 当我们只懂得索取的时候,我们只懂得生存;当我们懂得给予的时候,我们才懂得了生活。

——温斯顿·丘吉尔(Winston Churchil)

英国前首相

▶ 慷慨是超过自己能力的施与,自尊是少于自己需要的接受。

——哈利勒·纪伯伦(Kahlil Gibran)

黎巴嫩裔哲学家、作家、诗人、画家

▶ 带有条件的慷慨不是真正的慷慨,而是一笔交易。

——玛丽亚·曼内斯(Marya Mannes)

美国作家、评论家

观点论据

有一个古老的故事，一个乡下来的人敲响了一座教堂的门。看门的修士把门打开后，他送给修士一大串自家葡萄园里产的最好的葡萄。修士跟葡萄园主说，自己立刻带他们一行人去见神父。但这个园主告诉他，由于修士曾对自己有恩，这些葡萄实际上是给他而不是给神父的。有一次，园主的庄稼因旱灾而枯死了，修士每天都会施舍给他一点面包和葡萄酒。虽然修士收下了礼物，但他一上午都在欣赏这串葡萄，甚至一颗葡萄都没吃。过了没多久，他决定将葡萄送给一直以智慧箴言鼓励自己的神父。

神父对这份礼物感到很满意，但他想起院里有个教友生病了，所以应该送教友这串葡萄，好让他振作起来。然而，这个教友认为教堂的厨师更应该得到葡萄，因自打生病以来，厨师便一直在照顾自己。这串葡萄是如此美丽，厨师对此感到非常惊讶。他认为没有人会比司事更能欣赏它的美丽。院里许多人都把司事视为圣人，所以他是最有资格鉴赏这一自然奇迹的人。接着，司事将葡萄作为礼物送给教堂里一位年轻的初学修士，好让他明白上帝的创造存在于天地间最细微的事物之中。年轻的修士接过这串葡萄，便想起第一次来到修道院的场景，还有为自己打开大门的修士。正是修士恭敬的姿态让他成为这个团体的一员——那是个懂得如何珍惜生命奇迹的人。于是在夜幕降临之前，修士把这串葡萄再次送给了看门的修士，这下他真正明白这串葡萄注定是要给自己的，吃掉之后还睡得很香。由此，慷慨的行为变成一个完整的闭环。

这个故事要传达的信息很简单,其实我们已经听过很多了。"付出就会有回报"或者是"善有善报,恶有恶报"。大多数文化背景下的寓言都会鼓励我们为人慷慨,无私奉献的人会得到更丰厚的回报。但是,有多少人会相信这一点呢?当今,西方文化有迹象表明,许多人不相信慷慨大方会带来好处。人有时很难学会放下,足够信任他人,或无条件地给予他人,这是我们所有人都面临的挑战。我们太多慷慨之举是交易性、契约性的,但这不是真正的慷慨大方,也并非哈利勒·纪伯伦所言的那样,"慷慨是超过自己能力的施与"。

一些东方传统文化会谈到何为富足,即人不用考虑、担心给予他人后,自己会陷入物质短缺的状态,这才是生活的终极目标。实际上,该传统还说到,只顾着自我保护、从不给予的人,将不能享受到慷慨大方所带来的满足感。我们都遇到过腰缠万贯的人,尽管这些有钱人比大多数人拥有更多财产,但比起拥有钱财更少的人来说,他们似乎更担心失去自己手头上的一切。这种焦虑有时源自童年时期的贫困生活,例如,父母中的一方挥霍金钱,让家庭变得穷困潦倒。虽然改变这个情况并非不可能,但要打破该循环还是有一定难度的。对于心怀顾虑而不敢给予的人,我们可能要给他们一些帮助,让他们体验到慷慨大方所带来的真正快乐。

由于西方国家许多人未体验过自由给予的满足感,所以他们都陷入了郁郁寡欢的状态,这是一件非常悲哀的事。我记得,曾经有一个慷慨的人给了我一些钱,让我尽可能多地去买一些火鸡,在平安夜把它送给伦敦的贫困家庭。能体验慷慨大方所带来的满足感是一种荣幸,虽然这种满足感甚至不属于我,但是我看到收到馈赠的人们流露出的喜悦之情,便不禁热泪盈眶。若想获得幸福,请学会给予。其实,人的内心深处都明白这个道理。我们还是孩子时,收到礼物会非常高兴,但随着年龄的增长,我们渐渐明白,真正的快乐,是给予而不是接受。

我们作为领导者,该如何在工作中表现得慷慨大方?首先,如我们大权在握,就可以善待员工和团队,对团队和员工慷慨一些。慷慨大方不是为找回所付出的金钱、时间的计算。考虑员工们的报酬是否应得,这不是慷慨大方的表现。真正的慷慨大方,是大度地给予他们工资、奖金和假期。我们只有了解富足和慷慨的含义,才明白慷慨大方总会给自己带来回报,而这一点在工作中表现得淋漓尽致。请记住前面提到的修士故事,就像善良仁义一样,慷慨大方是可以相互传播的,大多数人看到对方行为大气,便会慷慨相待。虽然慷慨之心有时会被人利用,但这并不意味着慷慨的道义不可行,只能说明该善举的循环暂时遭到了破坏,因此变得吝啬必定不是解决问题的答案。

我最近参加了一位慷慨之士的葬礼,他曾是我们企业的供应商之一。前来哀悼的人挤满了大楼,他们中的每个人都可以说出他生前行为慷慨的故事,这简直令人难以置信。可见这位慷慨之士用自己数十年的善举,给别人的生活带来了深远的影响。如果有更多的领导者像他一样懂得给予,我们的世界将会截然不同。正如温斯顿·丘吉尔的至理名言那样,"当我们懂得给予的时候,我们才懂得了生活"。

行动指南

今天，让我们成为慷慨大方的人：

你现在是否感受着慷慨行为带来的喜悦？回想一下你慷慨助人的时刻，记住那些美妙的感觉。现在，你想更多地享受这种感觉吗？怎样通过慷慨助人更多地产生这种感觉？

想想自己是否害怕失去金钱或财产。若你的慷慨可以助人解脱重获自由，那你还会紧紧抓住自己的财产不放吗？

在工作中或家里，想想你能做到的慷慨行为，如何做好事不留名，然后付诸行动！

第十二天　勇于创新
Creative

◆ 词语定义 ◆

▶ 思想独特，有想象力。

◆ 名人名言 ◆

▶ 每个孩子都是艺术家，难就难在长大之后还是艺术家。

——巴勃罗·毕加索（Pablo Picasso）

西班牙艺术家

▶ 创造力就是把事物联系起来。当你问有创造力的人他们是如何做到这件事的时候，他们会感到有点内疚，因为他们感受不到自己真的在这么做，他们只是看到了一些关联。这种感觉只有在过后看来才会更明显。

——史蒂夫·乔布斯（Steve Jobs）

美国企业家

▶ 世界上有这样一种人最令人惋惜：感受到创造力在呼唤自己，也感受到内心创造力的火苗在燃烧，却因懒得付出时间和精力抹杀了让其成为现实的机会。

——玛丽·奥利弗（Mary Oliver）

美国诗人

▶ 有的人看到已发生的事情，问"为什么会这样"，我却梦想一些从未发生的事情，然后追问"为什么不能这样"。

——萧伯纳（George Bernard Shaw）
爱尔兰剧作家

观点论据

　　看到下属发挥自己的创造力，是我作为领导者平生最为渴望看到的事之一。而同样，最为悲哀的事之一，便是看到他们的创造力遭到埋没、压制，甚至全然被扼杀。英国的教育体系在某些方面做得很好，但也抑制了创造力。英国的教学大纲中只设计了对学业成绩的奖励，这意味着学生的创造力往往不受重视，缺乏应有的培养时间。教育只开发了大脑负责逻辑思维的部分，却忽视了负责创造能力的部分。我很庆幸自己天生就有创造精神，但是我所接受的学校教育中，自然科学比艺术美学和创造能力更受重视。因此，我跟许多同龄人一样，最终走上了"错误"的道路——缺乏自我创新的能力。从那以后，我企图去挽回一些已经"逝去"的时间，这让我在成年后花了很长一段时间去培养自己的创造力。

　　我很喜欢毕加索的这句名言："每个孩子都是艺术家，难就难在长大之后还是艺术家"。因此，我们先要讨论创造力为什么被扼杀，然后再来看如何重获创造力。第一，自我意识对创造力的培养有阻碍作用。许多人在青少年时期就形成了自我意识，并且一生都难以完全摆脱其影响。有人会说，自我意识对女孩的影响比对男孩的影响更深，但我认为，自我意识对所有人都有同样巨大的影响。你观察一下许多幼儿和青少年之间的差别，就能明白我所说的话。青少年尚未能对自我能力或生理状况予以充分自我肯定，这种自我意识若一直延续到成年，就会限制他们表达自己的自由，创造力也往往随之消失。

第二，害怕他人的看法，也就是恐惧失败，这与第一点原因密切相关。首先，为了自我享受而进行创造十分重要，拥有"不在乎他人看法"的态度是一种良好心态。我在花园里写下这些文字时，并不知道这本书是否可以发表出来，但我一点儿都不在乎——因为我正享受学习和创作的过程，这在当下对我来说已经足够了。或许我的孩子或孙子会读到这些内容，为他们写书很值得，因为我相信这些理念对他们会有所帮助。恐惧失败的另一个原因还与希望自己的作品在一开始就完美无瑕的想法有关。但其实很少有作品能够做到这一点，因为好的创作需要长时间打磨。大家也知道，达·芬奇花了14年时间才创作出名画《蒙娜丽莎》，在如此漫长的过程中肯定也有许多斟酌和改动。

我们生活的文化氛围中，人们通常认为失败了往往就得不到回报。但实际上，情况恰恰相反，尽管我们常因失败而遭到批评，但倘若没有经历过失败，人就不会有强大的创造力。我们最好在工作场合中营造一种不蔑视失败者的文化。我们作为独立的个体，需要直面失败的恐惧，准备好当一个别人眼中的"傻子"，这是我经常会做的事情。就像萧伯纳所说的那样，很多不敢创新的理由，其实来源于人们的恐惧。在知名的TED①演讲中，阿斯特罗·泰勒（Astro Teller）谈到了自己担任X实验室（以前的Google X实验室）负责人的工作经历。在他为团队成员营造的团队文化中，大家会为失败欢呼，员工甚至会因失败而得到奖金，我非常喜欢这一点。失败正在不断地突破其固有的界限。

第三，领导者要创造一种积极的团队文化，让员工们不会因失败受惩，而是为之欢呼。除此之外，领导者还必须鼓励下属们在工作中保持自我。多年以来，我们许多人一直都在工作中迎合别人的意愿，或者更确切地说，我们很在乎别人对自己工作的看法，而不是在工作中简单地做自己就好。在这方面，年青一代恰好给了我们启示，他们通常更自由地做自己，而不会把个性隐藏在面具之后。领导者在公司提倡"做自己"的工作氛围，会激发出团队每位成员更多的创造力，甚至包括你自己！

所以，我们现在有了一些增进自己以及工作创造力的想法，那么该如何在实际生活中激发创造灵感呢？通常运动会有利于我们激发创造力，比如，去健身房锻炼、跑步或快走，以保持良好的身体状态。自我放松也会有利于我们激发创造力，不妨偶尔休息片刻，让自己冷静下来。虽然这是老生常谈的办法，但是洗澡时容易灵光一现的说法确蕴含着某些道理。如果你正努力寻找灵感，有时这种

---

① TED 指 Technology、Entertainment、Design 在英语中的缩写，即技术、娱乐、设计。它是美国的一家私有非营利机构，该机构以它组织的 TED 大会著称，这个会议的宗旨是"传播一切值得传播的创意"。

做法也许会有利于激发创造力：去一个截然不同的环境，让自己的思绪流动起来，然后再回到当初的创作领域。比如，我今天早上本来想写文章，但发现自己的心境处于难以集中的状态。所以，我在花园里做了点琐碎事，种了些花。后来，我感觉自己更有灵感了，下午便回到屋里接着写作。我在花园里干了些活儿，这成功激发了我的创造力。

还有一个有趣的方法，可能有利于激发创造力。科学已经表明，人右脑的创造力在夜间非常活跃。我曾有好几个早晨醒来时，脑子里涌现出一些创新的想法，我便尽快地把这些新想法写下来。有时醒来后，就突然能想到如何去回复那封棘手的电子邮件，或是新视频博客该录些什么内容，而我只需要把这些想法记录下来。有些人利用睡觉时大脑的创造力，去思考尚未解决的任务。在睡觉前，他们记下那些亟待解决的问题领域，然后让大脑的潜意识在睡觉时运作，以想出富有创造性的解决方案。

欧内斯特·海明威（Ernest Hemingway）似乎在生活中遵循了这一原则，"我懂了一个道理：永远不要清空我的创作之井，在创作之井还剩一些水的时候就应该停止，然后在夜晚补给，将其注满。"当然，我也建议大家，随身携带一个笔记本，以便充分利用好大脑在夜间的创造力。

行动指南

今天，让我们发挥创造力：
你在多大程度上隐藏或压制了自己的创造力？想想在工作

中、在家里，你该如何激发更多的创造力，记下自己所能想到的一切。

想想你所在的公司是如何看待失败的。这种企业文化是该遭到谴责，还是值得发扬？你公司的文化氛围是否埋没了员工的创造力？有什么地方是可以改变的吗？

今晚，给你大脑的潜意识留一些思考的任务。睡觉之前，在日记中写下一些需要灵感的创作领域，看看醒来后会发生什么。准备好迎接惊喜吧！

第十三天　知足常乐
Content

◆ 词语定义 ◆

▶ 对自己的财富、地位以及现状感到满意。

◆ 名人名言 ◆

▶ 我并不是因为贫困才这样说，我早就学会了，无论在什么境况之下都要处之泰然。

——保罗（Paul）

▶ 知足穷亦富，不知足富亦穷。

——本杰明·富兰克林（Benjamin Franklin）

美国政治家、科学家、发明家

▶ 幸福不在于拥有很多，而在于就算拥有很少也很满足。

——玛格丽特·加德纳（Marguerite Gardiner）

爱尔兰小说家、记者

观点论据

在《我们选择的未来》（*The Future We Choose*）一书中，作者克里斯蒂安娜·菲格雷斯（Christiana Figueres）和汤姆·里维特–卡纳克（Tom Rivett-Carnac）让我们联想到了另外一个故事，该故事出自保罗·科埃略（Paulo Coelho）笔下。故事内容讲述了一个渔夫钓到几条大鱼后心满意足，在小村庄附近的沙滩上放松。这时，有一个度假的商人刚好路过，他看到篓里的鱼，便问渔夫要多久才能钓到大鱼。商人得知渔夫其实没有花很长时间就钓到了鱼，又追问他为什么不花多点儿时间在海上钓更多的鱼。渔夫答道，这些鱼已经够一家人吃了，他清晨钓完鱼后，剩下的时间便可以和孩子玩耍，中午与妻子一起休息，晚上和朋友们一起喝酒，进行音乐创作。

商人建议说，自己可以借钱给渔夫，让他变得更加成功。这样渔夫就能花多点时间在海上，买艘大船来钓更多的鱼，赚更多的钱。然后他就可以用这些钱再买更多的船，成立一家大型渔业公司。慢慢地，公司发展上市，渔民也会变成百万富翁。渔夫问道："那接下来呢？"商人骄傲地解释道，接下来渔夫就能提早退休了。渔夫可以真正地在清晨钓完鱼后，和孩子们一起玩耍，跟妻子午间小憩，与朋友傍晚一起喝酒、做音乐。

虽然这个故事很古老，但依旧能有力地说明这一点：追求进步，不断渴求更多的东西，往往是我们对现状感到不满的原因。故事中的渔夫满足于自己所拥有的一切，因此，他并不需要商人告诉自己该如何过日子。日子过得简朴一点，并不像西方国家的教育和培养制度所述的那样是一件坏事。无限追逐生意场上的增长和利润，可能会让我们产生不满情绪，从而影响自己的幸福指数。

明白"足够"的概念，是获得满足感的关键所在。许多人并不知足，认为自己所拥有的东西还不够多，但其实我们已经拥有了很多东西，只是不会如何欣赏眼前的一切而已。倘若工业化国家更能理解何为"足够"，地球环境就不会处于如此境地。然而，对于知道这个世界需要做出多少改变才能扭转气候变化局面、减少全球贫困现象的人来说，这就成了一个悖论。我们该如何协调自己的野心和目标，让世界变得更美好的同时，也对当下所处的位置感到满足？如果我们对世界的不公平现象感到不悦，或对地球环境的现状感到不满，我们迫切希望这一切得到改变，又怎么可能会满足呢？我认为，我们必须努力协调这看似对立的两者。必须有一个我们可以达到的平衡点——不仅满足于自己当前的身份和正在做的事，同时也渴望改变现状。要平衡这两者与以下两点有关：了解自己做事的意图，明确自身所要发挥的作用。人不可能在一夜之间改变世界，无论自己所发挥的作用或大或小，我们都要感到满足，同时让他人也发挥作用，这肯定是这一问题的部分答案。

对于物质财富，我们许多人可以学会知足常乐。这是我们团队去到部分非洲地区的主要发现之一：那里的人拥有一点儿东西就会感到满足，也会为发生的一些小事感到高兴。我们送给当地的青少年们一些礼物，那些东西是英国青少年们不加珍视的，但当地青少年们收到礼物时都感到非常高兴。看到孩子们脸上洋溢着的喜悦，我们深感羞愧，内心改变了。我鼓励大家在世界上的贫困地区度过一两个星期，以获得不同的视角，理解"足够"的内涵。就在今天早上，我无意中听到了两个人的对话，有一个人刚搬了新家，他们已经搬了两大货车的行李，现在还剩两大货车的东西要搬。但是，我们真的需要这些东西吗?

  人们已经写了很多作品来描述丹麦语"hygge"一词,其意思是舒适、惬意和满足,但现在我想再介绍一个词"lagom",该词出自位于斯堪的纳维亚半岛的国家瑞典。"lagom"是"law"(法律)一词的古挪威语形式,在瑞典语中意为"不多不少、刚刚好"。该词起源于维京人,他们晚上会围坐在篝火旁,把装满蜂蜜酒的牛角杯轮流传递到每个人手上。每个人只能啜一小口该喝的分量,为其他人留下充足的分量。这就足够了。倘若我们都能把适度原则运用在世界能源资源方面该多好。

  我在青年时期有过这样的经历:当时我身上没什么钱,甚至有几次连月底还贷的钱也没有,但我将其视作一种荣幸。所以,我现在才有幸得到更多的东西。然而,在任何情况下都要保持快乐,这才是获得满足感的关键所在。不让财富多寡去影响我们个体的情绪很重要,这也是我还在学习的课程。对自己所拥有的一切心怀感恩也十分重要,因此,不仅要回顾一下以前的行动,还要想想接下来的行动。

行动指南

今天,我们下决心要成为更知足的人:

想一想你对目前所做工作的满意程度,你对住所以及家人、室友的满意程度如何?"邻家的草格外绿,这山望着那山高"……你总是为将来而活,不能停下来享受当下吗?现在,停下来一会儿,满足于当下的一切吧。

你是否患有"错失恐惧症"？因为害怕错过什么而焦虑？感恩你目前所拥有的一切，先为这种满足感坐下来休息一会儿，再开始做在"待办清单"上的下一个活动项目。

注意制止自己那些因他人的境况而出现的一厢情愿的想法。你不是他们，注定不能像他们一样，只要享受做自己的过程就好了。也许你可以给你的手机在一天内设置几次铃声，提醒自己抛弃这种想法，记住要知足常乐。

第十四天　仁爱待人
Compassionate

◆ 词语定义 ◆

▶ 富有同情心，对他人表示同情。

▶ 同情心，即对他人的痛苦或不幸遭遇表示强烈的同情和悲伤，并希望伸出援手。

◆ 名人名言 ◆

▶ 同情的整个理念是建立在所有生命都是相互依赖的敏锐认知之上的，这些生命都是彼此的一部分，并且相互依存。

——托马斯·默顿（Thomas Merton）

美国僧侣

▶ 同情心不是治疗者和受伤者之间的关系。它是一种平等关系。只有当我们完全了解自己内心的黑暗，我们才能在别人经历黑暗时陪伴他们。当我们认识到人性的共同点时，同情心才会变得真实。

——佩玛·丘卓（Pema Chödrön）

北美修道院院长

▶ 同情是一个没有界限的行为动词。

——普林斯（Prince）

美国歌手、词曲作家

观点论据

如果说，我只能专注于一个最重要的领导力品质，那我的首选是做一个富有同情心的人。我每天都在想，我可以用更多的同情心去对待这个充满烦恼的世界。同情心与本书中的其他49种良好品质是相互联系的。尤其是我们感受恻隐之心，表现仁爱之情，就必须要更为深入地了解自己与他人的联系。

2018年，我在英国英格兰西米德兰区域的伍斯特郡的一场商会活动上做演讲，当时我正研究个人处女作《向善的力量》（*Forces for Good*）的一些材料。我在演讲中说道，商业领导者们需要理解世界上其他人对其国家的环境政策所做出的决定，我们要意识到全人类是命运共同体。其中幻灯片中的一张图呈现了这幅场景：约百来个孟加拉人正跋涉通过齐腰深的水，离开被洪水冲走的家园，而这正是气候变化给低海拔的国家所带来的直接后果。看到这一幕，我在点击幻灯片时也能明显感觉到自己情绪涌动，甚至有几分钟都说不出话来。我不习惯在演讲中哭泣，因此当时气氛有点尴尬，但是这给现场在座的人都留下了深刻印象。这是我第一次对因气候变化而遭受痛苦的人表示了同情，所以在接下来两年，每次我用到这张幻灯片时，就会发生同样的事。

由于我的同情心不断加强，我们公司已在更加积极地减少生产所造成的环境污染。值得注意的是，同理心和同情心之间存在区别，当然二者也是共同发挥作用的。一方面，同理心是与他人的情绪产生联系，理解他们的感受。但同理心是一种相对被动的状态，不需要付诸行动。另一方面，同情心促使我们采取行动以减轻他人的痛苦。在我自己的例子中，我对流离失所的孟加拉人产生同情，这有力地推动了行为的转变——我作为领导者，改善我们公司的生产方式，并在一年后开始为实现碳中和的目标而努力。

有些人认为，这两者存在相互依存的关系，人类作为生物，与地球上的其他生物都是相互联系的。人类的行为会影响它们，反之，其他生物的行为也会影响人类。我们将在第29天对此进行探讨。

由于我深刻洞察了他人的痛苦遭遇，所以，我在那次商会上的演讲才会给听众留下真正深刻的影响。"同情"一词起源于拉丁语，其字面意思是"和他人一起受苦"。这意味着因别人正遭受身体或情感上的折磨而感到难过，感同身受。我提到了情感，毕竟很难想象真正的同情缺乏情感因素。而且，正如我在上文提到的那样，情感因素的确可以激励我们行动起来。没有行动的同情是不成立的，正如普林斯所说："同情是一个行为动词。"神经科学家安东尼奥·达马西奥（Antonio Damasio）在其著作《笛卡尔的错误》（*Descartes' Error*）中，从科学的角度表明了大脑边缘系统与人的情绪密切相关，它是影响人进行决策的一个重要因素。于我们而言，这很容易理解。我们也许都有这样一些时刻，对演讲人的某些言论感到气愤，在杂志或社交媒体上看到一些东西产生情绪反应，继而采取某种形式的行动。毋庸置疑，除非有相应的行动，否则人的同情心将会减少。想成为富有同情心的领导者，我们需要为之付出行动，而不能只会一味地流泪。

本书会反复地谈到的一个主题是，我们通过帮助他人来显著提升自己的幸福感和满足感。西方人有这样一种认识，如果没有照顾好自己，不把个人幸福放在第一位，那我们无论如何也不会获得快乐。但事实恰恰相反，我们若心怀仁爱地向他人伸出援助之手，将个人利益置于他人之后，便会提升自己的幸福感。要践行仁爱，就是在行动中传达自己的同情心。在新冠疫情暴发期间，世界上许多人对这一点深有体会。我们越来越多人在各个社区和城市中帮助别人，许多人发现通过帮助他人，自己的幸福感也得到了提升。

当然，我们不仅要对萍水相逢的人产生仁爱，也要同样对待身边亲近的人。体会他们痛苦的处境，仿佛是自己亲身经历过一样，这有助于我们成为更好的父母亲、兄弟姐妹等。实际上，一些人来自于情感淡漠的家庭，他们可能会觉得对身边亲近的人产生同情很难。我遇到过这样一些人，他们会在电影结束时落泪，甚至会因一集电视剧哭泣，但他们很难对所爱的人表现出足够的同情心。在社会中，这种情况并不罕见。但是，请不要担心，我们在反思和冥想期间，多点想想该如何培养自己的同情心，就会更容易学会同情。

过去50年里，一些领导者因怀有高度的同情心而脱颖而出，拥有该品质的领导者实在太少了，他们是如此与众不同。但是，在21世纪中，如果问领导者最需要哪种品质？答案就是同情心。你准备好迎接挑战了吗？

行动指南

每一天都有机会,让自己践行仁爱:

在杂志或网上找一张照片,照片上要有一些生活不如你幸运的人。想象你就是他们中的一分子,体会他们的感受,渴望得到他们想要得到的东西,尝试让自己理解他们的痛苦遭遇。

接下来,想象一个你认识但并非特别喜欢的人。如果你有这种倾向,请往积极方面去想,或者为他们祈祷,希望这能为他们带来好处。

对在工作中、商店里或校门口需要帮助的人,请心怀仁爱地向他们伸出援助之手。我们在积极地践行仁爱时,也慢慢培养起了同情心。

第十五天　勇敢无畏
Courageous

◆ **词语定义** ◆

▶ 一种思维品质、精神品质，能让人面对困难、危险、痛苦等而不露怯；勇敢无畏的精神。

◆ **名人名言** ◆

▶ 勇气不见得是一个人与生俱来的，但在出生后一定具备相应的潜质。没有勇气，我们无法持久地训练出任何其他品质。我们无法做到友善、真实、仁爱、慷慨，或者诚实。

——马娅·安杰卢

美国诗人、活动家

▶ 没有勇气冒险的人，人生将一事无成。

——穆罕默德·阿里（Muhammad Ali）

美国拳王

▶ 你的生命有限，所以别浪费时间模仿别人的生活。不要被信条所束缚，盲从信条是活在别人的观念里，不要让他人的意见左右你自己内心的声音。最重要的是，你要勇于追随自己的内心和直觉。

——史蒂夫·乔布斯

美国企业家

▶ 人生的充实和贫乏与勇气的大小成正比。

——阿内丝·尼恩（Anaïs Nin）

法裔美国作家

观点论据

多萝西第一次在森林里和稻草人和铁皮人遇见小胆狮，便严厉地说道："你不过是个胆小鬼。"小胆狮的眼泪顺着双颊簌簌流下，用颤抖的声音说："你说得没错，我就是个胆小鬼，一点儿勇气也没有。"我相信大家都知道《绿野仙踪》（*The Wizard of Oz*）里的这段对话，与其他同类型的故事一样，《绿野仙踪》反映了成功路上所需具备的三个品质特征：稻草人胸怀善心、铁皮人头脑机智，小胆狮最终获得勇气。后来魔法师对小胆狮说："在我的故乡，有大家称为'英雄'的人。'英雄'们每年都会从封存的小球里取出自己的胆量，在大街上游行展示，但是他们没人比你拥有更大的勇气。"这番话似乎激励了小胆狮，他在后边的故事里表现得勇气非凡，说："好，我会去那里找多萝西。无论有没有恶女巫，有没有看守，我都会把他们撕个粉碎。我可能不会活着出来了，但我必须要进到那里去。"

小胆狮带着一枚勇气的勋章，这枚奖章是挂在外面的，但我们都知道真正的勇气源自内心，不是由外部赐予的。外表看起来很勇敢的人，往往内心和别人一样紧张和恐惧，但他们已经学会克服恐惧，不让恐惧感影响自己的正常表现。以公开演讲为例，对许多人来说，公开演讲是一件让人胆怯的事情。即使我们对公开演讲已经相当熟悉了，也依旧会在台上心跳加速、手冒汗，偶尔还会头晕目眩。但是，其实我们以前在台上做过演讲就知道，就算上台演讲，世界也不会结束。勇敢地克服恐惧一次，日后若碰到类似的事时，就会更容易处理一些。

回想一下引言的内容，我谈到了人要在无条件自我的情况下工作。也就是说，我们要摆脱生活中惯常的行为模式，要有勇气跳出熟悉的行为模式，从而走进一个全新的领域。回到旧的行为模式很容易，开启新的行为模式却很难，但我们鼓足勇气这样做时，多巴胺之类的神经化学物质就开始发挥作用，我们也会因此获得成就感。这种源自内心的胆量，便如同小狮子那枚勇气的勋章。

当然，如果有一个安全网为我们兜底，那么我们在工作中就会更有勇气、更敢冒险，而好的领导应该为员工提供安全网。总是看到犯错的人受到惩罚，其他人会因此产生恐惧，失去敢于冒险的勇气，继而创新精神也会遭到扼杀。所以，我们的勇气是别人信任自己、支持自己的体现，这有利于我们主动承担风险。我敢肯定，如果《绿野仙踪》里的小狮子独自前行，他不会有这般勇气。小狮子之所以变得勇敢无畏，是因为他知道有多萝西和其他人在背后鼓励着自己。实际上，"鼓励"源自给予他人勇气，激发他人自信的念头。

在为妇女争取选举权的运动中，妇女参政权论者表现出巨大的勇气。她们发放简报，发表各种演说，用粉笔在人行道写下要求参政的宣言，却时常遭到路人们的言语侮辱和身体虐待。许多妇女被关进监狱后，为了奋斗的事业继续绝食以示抗议。她们清楚地知道，自己只是这场运动的一分子，而未来还会有更多人加入这场壮大的运动，正是这种信念助力她们鼓起勇气，进行英勇斗争。想想100多年前就已经出现这样的运动，实在是令人惊讶。人对某项事业充满热切的信念，便会被激发起无畏精神并付诸勇敢的行动。如果周围的气氛越热烈，人的勇气也就越大。

我十分尊重"反抗灭绝"抗议活动人士，他们冒着极大风险走上伦敦和其他城市的街头游行示威。他们的勇气源自一种强烈的情感，即想让世界上的其他人也相信，我们的地球正在面临气候危机。许多示威者以前从未做过这种事，正是热情的信念促使他们付诸行动。2019年，示威者堵塞了伦敦的许多街道，因此该运动在当时也遭到了大量批评。然而回首过去，抗议活动人士们合力扭转了气候变化辩论的风向。抗议的人实在太多，到2019年9月，就连《金融时报》（Financial Times）都在头版宣称道："资本主义：是时候重启一下了。"资本主义垂死挣扎期间将迎来许多战斗。我想知道，是否会有更多人坚定自我信念的勇气，是否会有更多人准备好跟世界上的不公平现象做斗争，即使这意味着自己会变得不受朋友欢迎。

就像妇女选举权运动、"反抗灭绝"抗议活动以及最近的黑人人权运动（"黑人的命也是命"）一样，敢于冒险的人需要更大的风险，才能看到为构建一个更平等世界而产生的社会变化。一些人认为，我们不能冒挨批评的风险，失去作为领导者的体面，或面临丢掉要职的风险，但如果我们想看到世界上的正义被伸张，就需要做出一些牺牲。尊严和地位会比正义更重要吗？而希望看到社会变化的领导者，也许要为了这种变化而放弃个人体面。没错，我们固然需要铁皮人的大脑来解决问题，也需要稻草人的善心和热忱，但我们首先要有勇气，才能像小狮子一样敢于冒险。

行动指南

我们可能需要一些时间，才能找到锻炼勇气的机会，但与此同时：

想想你之前本可以表现得更加勇敢的情景，反思自己当时为什么缺乏行动的勇气。写下任何你所能想到的东西。

挑战自我，想想可以做出的在舒适圈之外的行为，推动自己寻求突破的勇气。

鼓励身边的人更加大胆地工作，帮助他们实现自己的梦想。作为领导者，你可以成为他们的"安全网"。

第十六天　自我牺牲
Self-sacrificial

◆ 词语定义 ◆

▶ 为了责任或他人，牺牲自己的利益、欲望等。

◆ 名人名言 ◆

▶ 回首过去，我的生命中没有任何一部分是不痛苦的。

——弗洛伦丝·南丁格尔（Florence Nightingale）
英国社会改革家、近代护理事业的创始人

▶ 成功总是与牺牲相伴。若你没有牺牲便取得成功，那是因为有人在你成功之前受过苦。若你牺牲了却没有取得成功，便会有人在你受苦之后成功。

——艾多奈拉姆·耶德逊（Adoniram Judson）
美国传教士

▶ 伟大的成就大多来自伟大的牺牲，绝非来自自私自利。

——拿破仑·希尔（Napoleon Hill）
美国作家

▶我们为他人而活时，生活会变得更艰难，但是也变得更丰富、更幸福。

——阿尔贝特·施韦泽（Albert Schweitzer）

德国博学大师

观点论据

"9·11"事件的悲剧中，涌现了许多展现出自我牺牲精神的惊人故事，但没有任何东西比英裔美国越战老兵理查德·瑞思考勒（Richard Rescorla）的故事更振奋人心。2001年9月11日，瑞思考勒正担任摩根士丹利公司的安保部门主管。他听说第一架飞机袭击了世贸中心北塔后，便冷静地指挥摩根士丹利约2700名员工安全撤离南塔——尽管官方早些时候发公告要求大家待在办公室。他确保负责的每位员工都离开大楼后，自己才开始撤离。南塔倒塌时，他仍在楼内。三周过后，瑞思考勒被宣告死亡，而他的遗体也一直没有找到。

这是无数在危境中牺牲自己的惊人故事的其中一个，还有许多讲述了人做出自我牺牲，最终不惜献出自己的生命的故事。现在，也许只有极少数人会选择这样做。我肯定不是唯一一个想知道自己在面临保全他人还是自己性命的抉择时会如何选择的人。虽然，这可能是一个有点儿不正常的空想，但我相信，有自我牺牲精神的人，在遇到需要牺牲的情况下，将会首当其冲地献出自己的生命。我希望自己也能成为其中一员。

要表现出领导者的姿态，平日里就要学会自我牺牲，可是大多数人都没有在管理培训课中听过这方面的讲座。西方人的梦想是过上一种合乎道德的生活，努力增加个人收入，逐步扩大房屋面积，慢慢提升车的价值，努力工作养家糊口，看到自家孩子考上好的大学。你可能会说，这个梦想本身没什么错。然而，我们许多人从小就相信这一荒诞的想法：牺牲自己的物质美梦会让人痛苦，令人深感不安，大大降低自身的幸福感。但事实恰巧相反，为他人牺牲自己的利益，才会给我们带来更大的成就感和深刻的幸福感。可是，许多人却无法享受此等幸事，内心的冲动让我们往往因恐惧失去而执着于自己拥有的东西，不懂得有所取舍。换句话而言，我们还没有意识到自我牺牲所带来的巨大成就感。

我在别的地方曾谈到古老智慧"生之意义"（ikigai），这是一种起源于日本冲绳岛的生活哲学，该岛上的百岁老人比例居世界之首。他们认为，人同时做这四件最重要的事，会感到最快乐：

（1）自己喜欢的事；

（2）自己擅长的事；

（3）能得到报酬的事；

（4）世界需要的事。

每当我说起"生之意义"一词，都会引起大家的共鸣。尤其是企业界的人，他们意识到自己之所以有时感到不悦，是因为他们做的事只涵盖前文四件事中的两到三件。"做世界需要的事"往往被人们忽略。有一些人甚至告诉我，他们学习了更多"生之意义"的哲学之后，便放弃了自己的工作，转而去做一些世界需要的事，甚至不惜牺牲某些东西以实现这一目标，但也因此更加快乐。的确，自我牺牲会给人带来快乐，这种快乐往往只是因为我们有勇气放下自己的焦虑和不安全感，无论是财务上的顾虑，还是其他方面的担忧。

有些人说，没有所谓的利他主义或自我牺牲，作为一个已经进化的物种，我们愿意为建设一个更广泛的社会做任何事情，不过此举是给个人的未来发展赢取"布朗尼积分"（讨好上级的印象加分），因为我们将来可能要从社会里获得某些东西作为回报。虽然这是一种让早期人类聚居加强联系的自然之道，但我认为，人所能做到的事情不止于此，因为人可以做到奋不顾身地牺牲自己。总而言之，我们是下意识地为共同利益做出牺牲，还是单纯地为他人利益做出牺牲，这个问题真的很重要吗？我们都了解那种因没能做正确的事而产生的愧疚感，所以谁会在乎呢？因此，把他人放在第一位吧，为了双赢的局面。

在商业世界中，建立一种利于社会和环境的商业模式，是企业实现其"生之意义"的方式之一，该企业中的员工也会由此产生更多成果。一些公司采取这种做法，接受严格评估，人们因而称之为"共益企业"。如今有好几家大公司都已经认证成为"共益企业"，但是有时候，这些大企业内部的"安全网"无意中会阻碍员工们有利的个人改变，而这些变化往往是通过经历考验、磨难以及牺牲自己得来的。毫无疑问，这些大型共益企业的一些创始人体验过一定程度的自我牺牲，但该企业的员工往往没有必要去体验个体形式的自我牺牲。作为共益企业的领导者和运动大使，我想鼓励在这些"向善"企业中的所有人，帮助他们树立起自我牺牲的态度，这样大家才不会对类似的转变失去热情。

当然，我们许多人会经历生活中的各种困难，甚至做出很多无人知晓的自我牺牲。但毫无疑问，自我牺牲会把我们塑造成一个心怀仁爱的人，在改变世界的过程中这种品质会发挥重要作用。虽然有些人能理解在服务他人时可以获得的自我牺牲的快乐，但这些人未必敢假设这种现象普遍存在于组织和公司中。我们作为领导者，为正义之举而敢于冒险和牺牲，这会加深我们生而为人的认知，有利于我们找到内在的自我。我们最好鼓励每个人都勇于自我牺牲，从而让他们找到深刻成就感。

我想起像南丁格尔一样的人，他们凭借毕生的惊人成就而闻名于世，但我也明白，他们若缺乏一定的自我牺牲精神，便难以取得这一切成就。正如南丁格尔所说的"回首过去，我的生命中没有任何一部分是不痛苦的"。这些改变世界的人，往往做出了巨大的个人牺牲，忍受着极大的痛苦。这些人通常一开始就有投身正义事业的目标，也有足够强大的情感力量支撑自己实现这个目标，他们背负着巨大的自我牺牲在生活中前进。但与此同时，他们会给予别人更深的关爱和同情，因此给世人留下了宝贵的遗产，可以心满意足地离开这个世界。

最后，我想起了曾经听过的一个故事。有一个农民的谷仓在大火中烧毁了，谷仓里原本住着几只小鸡。农民在烧焦的谷仓附近徘徊时，在地上踢到了一个东西，他还以为是一只烧焦的球。但就在这时，四只小鸡却从这只"球"下面跑了出来。原来母鸡为保护小鸡，不惜牺牲自己，用自己的羽毛化成这只烧焦的"球"。可见，自我牺牲是多么伟大。

行动指南

那么,我们如何才能学会在生活中做出更大的自我牺牲?

大量的物质财富才会让人感到幸福,你会相信这种荒诞的说法吗?花几分钟去反思一下自己吧。

扪心自问一下,你准备为他人牺牲多少自己的东西。是财产、时间还是地位?你会为别人舍弃什么?请在日志中列出一个清单。

勇于做出自我牺牲,优先考虑他人的需求,想一想自己今天能将其付诸实践的事。

第十七天　笑口常开
Joyful

◆ 词语定义 ◆

▶ 人充满喜悦之情，内心感到快乐；愉悦的；高兴的。

◆ 名人名言 ◆

▶ 当你感到快乐，当你对生活说"是"，当你周围充满乐趣和积极的气氛，你就会成为众星捧着的太阳，所有人都想靠近你。

——香农·阿尔德（Shannon Alder）

美国女演员、作家

▶ 内心只要有爱在燃烧，就自然会感到快乐。懂得给予的人，往往是最快乐的。

——特蕾莎修女

▶ 快乐是一种保持幸福感和内心平静的状态，两者高度关联。

——奥普拉·温弗瑞

美国脱口秀主持人

观点论据

在前作《向善的力量》中，我曾讲过一则故事。有一个名叫德克斯特的男子，他是美国加利福尼亚州旧金山湾金门大桥的收费员。尽管工作简单，但他上班时总是面带微笑。司机们在收费站窗边停车时，德克斯特通常会一边唱着自己最喜欢的歌，一边哈哈大笑起来。对于每个经过收费站过桥的人，他都会用微笑、歌曲或一句鼓励的话，来点亮别人一天的好心情。连早上心情不好的人过桥时也会面带微笑，对接下来一天有了一丝光明的期待。

久而久之，一些特别的事发生了。尽管其他的收费口都没人排队，但德克斯特所在的收费口往往会排很长的队。司机们明显地改变了自己的行为，哪怕稍微延长一点通勤时间，就是为了让这位了不起的工作人员点亮自己一天的好心情。像他一样的非技术性工人，能给人们生活带来如此深远的影响，这是多么非同寻常！不幸的是，金门大桥如今有了自动收费站，没有人工窗口收取过路费了。但是我坚信，德克斯特所传递的快乐正在别的地方发挥着积极作用。难道这个世界不需要更多像德克斯特一样的人吗？事实上，世界需要更多能让员工感受到快乐的领导者，但这个话题有时过于严肃，不是吗？

我敢肯定，我们都遇到过笑口常开的人。他们通常就像灰色世界的钻石般闪闪发光。你也许在大型超市里、公共交通工具上见过他们，幸运的话，你可能就有一个这样的同事。我们同样也见过那些站在快乐对立面的人，我称之为"心情吸收器"——这种领导者会吸掉共事员工的能量，员工们不会簇拥在其身边，反而避而远之。

那么，我们更倾向于是哪种人呢？或许在不同场合会有不同表现，如果是我让气氛变得低沉，我就会设法迅速振作起来，不让消极情绪影响到别人。我记得对自己说："我能幸运地为所当为，住有所居，过多姿多彩的生活，怎么会难过呢？"当然，快乐和感恩有着密切联系，心怀感恩生活的人往往会很快乐。香农的话非常正确："你就会成为众星捧着的太阳，所有人都想靠近你"。周围的人都会被快乐的人所吸引。正如德克斯特的收费口发生的事情那样，排队等候的人在不断增多。那么，快乐到底是什么？我们怎样才能充满快乐？

　　查询字典上定义的问题在于，字典有时也不太好理解。我不得不查找了五本不同的词典，才找到一本将"joyful（笑口常开）"一词的含义作了引申的词典，它不仅仅将其解释为"充满喜悦"的。在这种情况下，线上辞典至少给出了更多的单词释义，但言语释义本身带来的帮助也不是太大。毕竟，文字只是其他维度的象征。快乐是幸福吗？快乐是满足吗？快乐是上文所提到的感恩吗？的确，答案就是以上这些，但还会有更多解释。在我看来，除了以上三个答案，"快乐"有一种更深层次的解释。就像山泉从岩石表面喷涌而出，一些埋藏在我们内心深处的东西也会沸腾冒泡，这是一个很好的类比。如果你像我一样，曾经想要阻挡这样的潮流，会发现那不可能做到，因为水流总能给自己找到出路。内心充满快乐的人便是如此，无论环境如何变化，他们总能想到办法让自己开心。想想像德克斯特那样的人，他们和家人一起在家的时候总是开心的吗？他们在上班的路上总是快乐的吗？当然不是。但当他们再一次跟别人打交道时，能立刻放下负面情绪，心底天生的热情就会迸发出来。

就像"joy（快乐）""joyful（笑口常开）"这种意义深刻的字词，本章节的每一句名人名言都对快乐有着不同维度的解读。现在，你为什么不再去体会一遍呢？特蕾莎修女和奥普拉的名言将快乐与爱、和平联系起来，这三个词似乎经常一起出现，而且往往会写在圣诞贺卡上。我想知道，这是人类最向往的三种品质吗？爱与和平的精神需要时间去培养，同样，快乐不是一夜之间就能获得的，通过平静的冥想、沉思以及深刻的自我认知，我们才能培养起快乐的习惯。我曾经采访过一些人，问他们一生中最想要的东西是什么。有个女士答道："我想要快乐。"我不禁产生了质疑，追问她如何把寻求幸福作为生活目标。我不敢肯定，只把寻求幸福作为目标是否行得通，追求快乐也一样。通过给予他人帮助和关爱，人才能体会到内心深处的快乐。把快乐置于我们内部的"卫星导航"里，将其作为瞄准的目标，是很难真正获得快乐的。

美国政治活动家埃莉诺·罗斯福（Eleanor Roosevelt）说过，"攀比是偷走快乐的盗贼"，这句话千真万确。我们不能一直对未来将发生的事感到焦虑，我们不能总是盯着别人正在做的事。拿自己的成就、幸福与他人做比较，还想要保持快乐是不可能实现的。社交媒体会不可避免地带来攀比现象，这绝对是快乐的头号杀手。在社交媒体上，我们看到大部分内容都是对他人优点的过分渲染，从而形成了假象。我们应该做自己，做自己该做的事，而不是一味地模仿别人。让我们学会悦纳自己，自我接纳就是获得快乐的开端。

行动指南

让我们今天快乐起来吧：

提醒自己，每天都要感恩生活。现在想一想应该感恩的三件事情，感恩是获得快乐的源泉。

你走进一个房间时，你会带来快乐还是别的气氛？今天走进一个房间时，试着点亮别人的好心情，让别人也开心地露出笑容。试一试吧。

你会和别人过度攀比吗？如果你发现自己有这种行为，请提醒自己：为所应为就好，使之成为一种习惯。快乐自然就会来到你身边。

第十八天　敏感脆弱
Vulnerable

◆ 词语定义 ◆

▶ 一个完全开放、未经雕刻的人，没有心灵、思想和灵魂上的防备。

◆ 名人名言 ◆

▶ 脆弱是革新、创造以及改变的发源地。

——布琳·布朗
美国教授、作家

▶ 爱就要甘愿变得脆弱，毫无保留。

——C.S.刘易斯
英国文学家

▶ 荣誉不等于取得成功，成功源于内部实力、外部压力和人的主观努力。而荣誉源于脆弱，我们必须承认自己的不足。

——亨利·卢云（Henri Nouwen）
荷兰教授、作家

▶ 当我们还是孩子的时候，我们曾以为，等我们长大，我们就会不再脆弱。然而长大就是一个接纳脆弱的过程。活着本身就是一种脆弱。

——马德琳·恩格尔
美国作家

观点论据

我年轻时曾认为，想成为一名优秀的领导者，就要有坚定的想法、果断的态度和专业的知识，信心十足地推动团队的每个人向前发展。即使有糟糕的事情发生，哪怕周围的一切似乎都要土崩瓦解，我也会站在最前面，戴着自信的面具，让自己看上去很冷静。现在年纪大了，我才意识到这些都只是领导力的一个方面，更像是运动队队长更应具备的品质，而不适合用它来苛求职场的领导。在成长过程中，我们大多数人都会片面地看待领导力，只看到了其刚毅的一面。这也不难理解，在性格形成时期，我们能看到的大多是男性的领导力，女性领导力的展现还相对匮乏。而现在正是我们要寻求平衡点的时候了。许多英美男领导者的表现像是嘲讽过度男性化领导行为的讽刺漫画一样。由于这种不平衡现象依旧存在，许多女性领导者会认为，她们必须在工作中表现出这些男性特质，才能突破职务升迁的无形障碍。因此，这种过于强硬的领导风格，压制了男女领导者温柔的一面。

所幸的是，虽然很慢，但是情况正在改变，敏感脆弱、开放包容和共情能力等领导力品质正慢慢地涌现出来。我们会在其他章节谈到共情能力和开放包容，但我们现在要探讨一下有关"敏感脆弱"的内容。没错，一个自信的领导者会让员工们感到安心，但不同方式的领导力中也存在各自的缺点、弱点。我以前经常会表现出极其强硬的领导风格，因而疏远了许多同事和下属，尤其是女性员工。我看起来不近人情，说的话听起来也缺乏温度。我不是一个性情中人，无法理解、同情他人，难以和别人产生共鸣。我不能展现出脆弱的一面，不允许自己有任何不完美的地方，反之这也造成了我更难得到别人的信任。因此，以前的我是一个糟糕的领导者。写这篇文章之前，在今早的组会上，我读了自己所写的一首诗，念诗时我的声音居然颤抖了。实际上，对于跟自己表现出相同情感的人，人们往往能给其信任和理解。

2015年，我因患疟疾住院，并学会了如何表现出脆弱的一面。我被救护车紧急送进医院，接下来两天的记忆完全丧失了，这一切足以让你意识到生命的脆弱。事先说明一下，我是肯定不会死的，但是我看到了自己的脆弱，认识到自己并非不可战胜，这一切对我自身以及自己展示领导力的方式都产生了影响。现在，我更能了解、表达自己的脆弱，我的团队也更加意识到，我是一个有感情的真实的人。毫无疑问，我不想再戴着面具生活。这并不是说面具将不复存在。在事情快要垮掉时，需要我们保持坚强的形象，为他人创造安全感，这是正确的做法。但是，尽可能让真实的自己闪耀在人群中，也是至关重要的。

布琳·布朗将脆弱和创造联系起来。许多优秀的艺术家都敏感脆弱，甚至经常会有信心危机。我认为，我们许多人内心深处都有一种潜在的创造力，但是一些人由于缺乏脆弱的展露，便无法激发出自身内在的创造力。想一想罗克伍德领导力学院院长阿卡亚·温德伍德（Akaya Windwood）说过的智慧箴言：

几年前，在成为罗克伍德领导力学院的领导之前，我曾是一名组织顾问。我的目标是要成为一名技术专家，而事实证明，我的努力方向也是正确的。然而，我坐在现在的办公室时，我才意识到，其实自己对一个机构的日常运作知之甚少，对下属员工的关怀还不到位……对一件事情拿捏不准时，我们急于为他人提出专业意见，或假装很懂该领域的专业知识，这往往会给自己带来很多麻烦。久而久之，要维持这种不真实的外在形象会相当具有挑战性。这对组织来说也很不利，如果人们都吹嘘自己的专业技能，就很难为相应的职位聘用合适的人选。这无疑是有害的。所以，我要创造一个新的名词——专家妄想综合征。

如今是崇尚专业知识的年代，这让许多领导者隐藏住其脆弱的一面。在现代主义盛行的年代，人可能更容易展现出坚定的立场和正确的态度，认为自己有科学的力量做支持。而我们如今明白了，一切事物都处于不断变化之中，你作为领导者，大方承认自己不太了解当下发生的事，也是情有可原的。目前，"困惑"是我最喜欢的词之一，我们需要的是对世界上正发生的事感到"困惑"。没错，我有时很清楚我们该前进的方向，但有时和别人一样脆弱，会感到害怕。发挥领导力，就是要促成团结协作，但一个办公室里全是专家，永远都做不出最佳决策。无论任何时候，我宁愿办公室里都是一些敏感脆弱的人，他们知道自己每天犯的错误，而不是一群自诩从不犯错的专家。恰巧敏感脆弱的人倾向于团结协作，因而他们较少会犯重大错误。2008年的金融危机主要是由一群伪装强大的人所造成的，情况出现不好的苗头时，他们没有及时地沟通，彼此也没有坦诚相待。当时情况非常不妙，但如果他们开诚布公，没准可以避免许多经济损失。

让我们回顾一下亨利·卢云在本章开头的话，我们想获得成功的果实，就要承认自己的脆弱和不足。在葬礼上，最让人深切怀念的不是专家、强者、成就显赫或荣誉等身的人，而是那些真心实意地分享自己生活、脆弱和不足的人。人只有向他人展示自己真实的生活，对自己的缺点不加掩饰，才能处理好人际关系，成为优秀的领导者。

行动指南

人的一生都要为学会敏感脆弱而努力，但今天：

花几分钟反思一下自己的弱点。想想自己不擅长的事是什么。扪心自问，"我有多少时间是戴着面具做事的？"记下任何你所能想到的东西。

今天，请找个机会向别人承认自己的缺点或不足。让他们知道你是一个真实的人！

将自己塑造为无所不知的"专家"形象，你是否会对此感到内疚？请在今天和接下来的日子做好准备，无论如何也要说出这句话："我真的不知道答案。"

第十九天　诚实正直
Integrous

◆ 词语定义 ◆

▶ 诚实正直，品格纯正。公平正义、英勇无畏、忠厚老实、甘于奉献和尊重他人的品质特点。

▶ 即使是没人盯着的时候，也能光明正大地做事。

◆ 名人名言 ◆

▶ 人的思想可以影响心灵。只考虑那些符合你的原则且光明正大的事。你自己选择了自己的品格。日复一日，你的选择、想法和所作所为将决定着你将成为什么样的人。如果你的目标是诚实正直……这也是指引你前进的光。

——赫拉克利特（Heraclitus）
古希腊哲学家

▶ 正直是做对的事，即使你知道没有人会知道你做了什么。

——奥普拉·温弗瑞
美国脱口秀主持人

▶ 正直的人才会言行一致，而其他人总有借口。

——劳拉·施莱辛格（Laura Schlessinger）
美国脱口秀主持人

▶ 要有说"不"的勇气,要有面对真相的勇气,做对的事只因为它是对的事,这些是以正直态度生活的金钥匙。

——W.克莱门特·斯通(W. Clement Stone)

美国企业家、慈善家

观点论据

我听过一个故事,主人公的名字叫詹姆斯·多蒂(James Doty),他是一位神经外科医生、企业家和大学教授。在职业生涯早期,多蒂参与了射波刀的研发,这项发明给他带来了数百万美元的收入。在世纪之交,他承诺将7500万美元净资产中的3000万美元捐给慈善机构。但随后2000年至2001年互联网泡沫崩溃,他的个人资产减少到承诺捐赠的3000万美元左右。多蒂的律师建议,他可以反悔,不兑现该承诺。当然,人们也能理解经济环境的变化,他也不会因此就失去个人的社会地位。然而,多蒂是一个言而有信的人,他决定言出必行、信守承诺,将个人最后的财产都捐给了慈善机构。

举一个成本没那么高的例子。我们于2019年春宣布,科茨沃尔德·法尔作为一家企业,决定从2019年8月起实现碳中和。该目标的制定基于我们所做的一些物流方面的变革,旨在降低分销网络所带来的碳排放影响,这意味着碳补偿可以抵消产品分销时排放的二氧化碳。碳排放的相关数据统计源于我们新的物流公司,除非误读了当时的数据,或者得到错误的指标,否则在正常情况下,我们必须支付的碳封存费用会远超过企业的内部预算。当然，未来要支付的费用也许更高，但我们的管理团队从未对此提出过任何质疑，即便公司外部人员不知道这么做有什么区别。以金钱为导向不会助我们做出正确决策，而做对的事会让我们决策正确。

如今，许多企业都希望将社会公益与公司产品相联系，并声明产品收益中的多少比例将被捐给公益事业，如救助巴西流浪儿童的慈善机构。我质疑这些公司，问他们目前为止捐献了多少钱，这时候他们往往会拒绝回应。当然，许多初创公司好几年内都无法赢利，但它们过去两年的产品也许会传达出一些信息。在我看来，这种做法其实是缺乏诚信的。比如，他们每当出售一件产品，将会捐出5便士，这种做法明显会好很多。但由于没人会注意小公司所做的事，因此中小企业在很多情况下往往可以逃避责任，背信弃义。因此，公益企业的认证过程就显出优势了，因为在认证过程中，企业必须提供目前所做的事情的相关证明，并分析这些行为让世界如何受益，同时有利于人类和地球。

在本章开头，城市词典对"诚实正直"一词作了定义，该词典虽然是基于C.S.刘易斯说过的话进行下定义，但实际上也对查尔斯·马歇尔（Charles Marshall）的话作了另一番解释："即使是没人盯着的时候，也做正确的事。"而且我相信，C.S.刘易斯肯定会同意该观点。如今，在社交媒体上自诩道德高尚实在太容易了，但是随着他们受到越来越多的关注，感到来自公众监督的压力，往往就不会继续这样做了。让我感到担心的是，即使那些道德高尚的企业及其领导者很出名，他们有时也会向外界展示一个比在公司内部要好得多的个人形象。但是，企业领导者要更加诚实守信，拥有更加正直的品格，这是我写本书的主要动机之一。

詹姆斯·多蒂的事迹所传达的信息很精彩，即使多蒂"损失"了大部分的财富，但是他仍然兑现了自己的承诺。如今有些人认为，获得胜利实在太重要了，为此甚至可以不惜一切代价打败他人。我明白，这种想法很有吸引力。我跟许多企业家一样，十分好胜、厌恶失败，因而，我必须缓和自己的求胜之心，保持为人的诚实正直。网球运动员安迪·罗迪克（Andy Roddick）就是一个很好的例子。有一次，由于对手第二次发球被判出界，他赢得了那场比赛。但是随后，罗迪克看到了红土上的标记，让裁判改变了判罚。最终，罗迪克输掉了比赛，却赢在了诚信的品格。

那么，我们如何培养诚实正直的品质呢？如果没有本书中所讨论的许多其他品质，例如仁爱待人、善良仁义……就不可能实现。但其中最重要的品质可能是保持冷静。我们如果说话太过仓促，急于做出承诺，就会面临承诺太高而难以兑现的风险。我们说话时最好不要那么仓促，在某些场合甚至要学会拒绝，如果不这样做的话，我们可能会失信于人，让客户、供应商失望，最糟糕的是让员工们心灰意冷。员工得到升职、加薪或发奖金的承诺，上司却没有兑现，这是人们离开雇主最常见的原因之一。

在有些情况下，环境很可能已经变了。就像詹姆斯·多蒂的例子一样，因经济环境发生改变，个人财产少了整整4500万美元，但他还是坚守自己的承诺。另外多蒂还说道，捐出那笔钱后，他感受到了前所未有的快乐："我那一刻意识到，能让钱带来快乐的唯一方法就是把钱捐出去。"做人诚实正直,不仅是正确的事,我们还会由此感到更充实、更快乐。无论是做充满困难的事,还是做耗时耗力的事情,做人都要保持诚信,这往往会让我们比预想中更快乐。

行动指南

人一生都要为建立诚信的形象而努力,但在今天:

想想有没有这样一些场合,你会在外人面前展示一个比真实情况更好的自我形象,如有,请记录下来。别人能看到一个真实的你吗?你做出承诺时,你会不惜一切地信守诺言吗?

即便这一点可能更难做到,也要跟自己(还有你团队中的其他人)反复说,你总是会做正确的事——即便那有可能十分困难。

保持个人竞争力,获得成功的欲望,是否意味着你要打破原则?每天提醒自己,诚实正直就是一种幸福。

第二十天　顺其自然
Flowing

◆ 词语定义 ◆

▶ 朝一个方向流动，连续不断、特别顺畅地移动。

◆ 名人名言 ◆

▶ 顺其自然是对宇宙信号做出的回应。顺其自然，就像是在生命力的海洋上冲浪。对于目前一切，你会有清醒的信任感，并完全接受、合作。

——丹妮尔·拉波特（Danielle LaPorte）

加拿大演说家、企业家

▶ 被某个活动本身吸引住时，"心流"就会出现，时间也会飞逝。任何举动、动作和思绪都会紧跟上一步自然而然地进行下去，就像演奏爵士乐一样。

——米哈里·契克森米哈（Mihaly Csikszentmihalyi）

匈牙利心理学家

▶ 顺势而为，不要逆势而行。海纳百川，让生活的潮流助你前进，别反过来试图去推动它。

——奥普拉·温弗瑞

美国脱口秀主持人

观点论据

用"顺其自然"一词来形容领导者,似乎会有点奇怪,但我今天要谈到的是"进入心流状态"。如果这对你来说是一个新词,那请允许我来解释一下,我是怎样知道自己何时进入了心流状态,又是如何知道这种状态的感觉的。举个网球比赛的例子,我在比赛时会尝试去回击每个球,甚至给到对手一些无法回击的球。我非常"专心致志"——我没有去考虑选择哪个球进行回击,只是一看到球就立马打回去。结果把球场另一边的对手给惹怒了。可惜在我的网球生涯中,这种情形并不多见。否则,我会成为一名更好的运动员,赢得更多的比赛。

让我获得心流体验的另一个情景,发生在我几年前去英格兰北部旅行的时候。前往哈罗盖特市参加会展的途中,我会见了一位客户。参加完各种会议后的当天晚上,我在达勒姆市和一个老朋友出去吃了一顿饭。第二天,我到英格兰湖区和其他朋友们一起喝了咖啡。回家的路上,我在中途停下来和父亲吃了顿晚饭。这些一连串事情没什么特别出彩的,但也无须勉强去做。与人的每次交流互动都有适当的时间,无论是对收到消息的一方,还是对发出邀请的一方。这一切都很容易、轻松、愉快,就像河流顺流而下一样,因此产生了心流体验。

在就读于牛津大学期间,我有幸体验过几次撑篙。在我想给船上的某个女孩留下深刻印象时,我就会确保自己总是在顺流而下时划船,而让其他男组员在逆流而上时划船。我从以往的经历中吸取了教训，因为我做过一个噩梦，梦见撑篙逆流而上时，船头似乎产生了自己的想法，不幸撞到了河岸上。何况在顺流而下时划船，长篙划在河床上也没那么费劲。我甚至曾经看到一个可怜的小伙子，他将长篙插入河床，紧紧抓住，而船只仍在继续前进！

那么，生活为什么更像是撑篙逆流而上，而不是顺流而下？这是个很复杂的问题，我无法在这么短的篇幅中回答，而且该问题可能要用一生的时间来回答。但我这儿有一些建议。要解答这个问题，很大程度上要明确自己的目标，我将在第30天更加详细地讨论这一点。让日常任务与个人目标保持一致，使我们更容易进入心流状态，同样，也就更容易拒绝一些任务或活动，而这些任务和活动会让我们迷失方向，阻碍了我们进入心流状态。这里有着一种平衡，你为实现目标所做的每件事，都不会轻松容易、一帆风顺，但其中往往会有天时地利之处。在马丁·路德·金的传记中，一个复活节的星期天，他正准备去教堂做礼拜。但突然，他离开房间，换好衣服回来了，这让其他领导者感到很惊讶。他告诉大家，自己不去教堂做礼拜了，而是打算前往监狱。鉴于当时的情况，他明白，自己如果向当局自首，会被关押几天，但如果继续前行的话，便可以获得几个星期的自由。对他来说，这也不是一个简单的选择，但不容置疑的是，他已经进入了心流的状态。

我从十几岁起就经常做着同一个梦：我要参加一场重要的考试，但没有做任何复习。我在现实生活中是不会这么做的。作为一个专注于学业的学生，我总是会认真准备好每一场考试，特别是在考试季前没有下足功夫的时候。有一天，我跟某个同样反复做这个梦的人聊天，从那时起，我才发现这种现象其实很常见。于我而言，这反而让我学会了如何顺其自然。我要明白，自己不必提前去解决所有问题，包括回答所有的假设性问题，预估潜在的后果，判断特定情境下可能会发生的每件事情之细微差别。

回顾前面举的一个例子，大多数人打网球时没有进入心流状态，其原因是他们会过度思考每次回球要做些什么，而不是简单地"感受"打球的过程。还有一个原因是，他们缺乏足够的练习。渴望更加顺其自然地生活不是缺乏准备工作的借口。正如雷吉娜·布瑞特（Regina Brett）所说，"不妨过度准备，才能滔滔不绝"。这是一种很好的角度，我做公开演讲时也会尝试这样做。我总是会准备比真正演讲时会用到的更多的内容。虽然，我从来没机会全部都用上，反之，我会根据现场观众的反应，分配更多时间去讲观众感兴趣的内容。

思想包袱过重、难以顺其自然的人，要像我一样继续学习如何活在当下。聊天、开会、吃饭，考虑下一步要做的事，或回忆当天早些时候的事，很容易就这样做了。这与人们习惯自我内省、超前计划的弊病有关，但从东方大师身上，我们可以学到很多关于活在当下的哲理。他们认为，当下时刻是很神圣的，因此许多大师能够很好地做到顺其自然，因而在人生中比我们更少犯错。

行动指南

今天，让我们学会活在当下，做到顺其自然：

花几分钟想一想，在过去的几天里，你是一直在顺流而下还是试图逆流而上？你能做些什么来改变这一状况？

在今天的某个时候，相信自己的直觉，做一些你以前不敢冒险的事情。

在手机上设几个闹钟，提醒自己要活在当下。

第二十一天　包容宽广
Inclusive

◆ 词语定义 ◆

▶ 容纳所有人，尤其包容和接纳那些在历史上因各种因素遭到排斥的人。

◆ 名人名言 ◆

▶ 人类至上的观念，同种族主义和性别歧视一样不可接受，会让我们无法变得更加包容。

——英格丽德·纽柯克（Ingrid Newkirk）

英国动物权利保护者

▶ 每个人，无论多么渺小或脆弱，都能为人类做出一些贡献。当我们开始真正了解别人，当我们开始倾听彼此的故事时，事情就会发生改变。我们开始了从排斥到包容、从恐惧到信任、从封闭到开放、从判断和偏见到宽恕和理解的运动。这是一种心灵的运动。

——让·瓦尼埃（Jean Vanier）

加拿大哲学家、神学家

▶ 多样性和包容性的区别在于，是被邀请到一所房子里，还是能够重新布置家具。

——简·西尔伯（Jane Silber）

美国商人

观点论据

作为一个白人男性，我觉得自己没有资格完整地写这一章，所以我寻求了帮助。感谢"无意识偏见"方面的专家厄尔·林奇（Earl Lynch）在这里帮助我编写材料。那些因性别、肤色或残疾而被排除在外的人比我更需要倾听。如果你愿意的话，请记住，在过去，当你被你认为是朋友的人排除在活动、聚会或旅行之外时，你感到的那种不安，你经历过的这种感觉在很小程度上反映了一点被歧视的人的感受，对他们来说，被排除在外是每天都会发生的事情。或者，还记得有一次，你觉得自己本应该获得奖励或晋升，却被人看低了，一个不如你的人却赢得了你认为应该属于自己的东西吗？不幸的是，对许多人来说，这是每天都会发生的事情。区别在于，他们被排除在外是因为他们无法改变的东西——比如他们的肤色——而你可能因为你的能力而错过了奖励和晋升机会。

歧视是卑鄙的，但我们目前生活在这样一个社会，当然，我指的是在英国和美国，这个社会似乎经常在年内取得一些进展，然后下一年又开始倒退。任何社会的好坏往往都取决于其最弱小的成员的处境，而这一领域的进步对每个人都有利。当住在伦敦东南部的德特福德时，我了解了一些当地的历史，惊讶地发现17世纪著名的日记作家塞缪尔·佩皮斯在世时可能是我的"邻居"。更让我惊讶的是，17世纪末，俄罗斯的彼得大帝和佩皮斯一起隐姓埋名地穿越欧洲，目的是更多地了解俄罗斯以外的世界，他对像俄罗斯一样繁荣的小国荷兰的商业成功感到惊讶。他总结说，成功的一个因素是当时荷兰鼓励提高社会包容性。荷兰民族对任何差异视而不见，平等对待不同类型的人，这一思想导致了该国的经济成功。

为什么要创造一个更具包容性的世界？在《公平之怒》（*The Spirit Level*）一书中，理查德·威尔金森（Richard Wilkinson）和凯特·皮克特（Kate Pickett）清楚而科学地证明，一个更平等的社会对每个人都更好，其中的穷人会更幸福，这可能并不令人意外，但对更富裕的人也是如此。更包容的机会——无论一个人的性别、肤色如何或残疾与否——对占主导地位的人和有权势的人来说也更好。在公司层面同样也是如此。如果一个企业中的一些人觉得自己没有获得与其他人一样的机会，那么该公司或组织中的每个人都将缺乏成就感和幸福感。那么，作为一个领导者，我们如何才能真正做到包容？我们能改变什么？如何改变？

我在开头引用的第四句话来自科能软件（Canonical）的董事会成员简·西尔伯，这公司是为了支持开源软件Ubuntu而成立的。在那句话中，西尔伯谈到了多样性和包容性之间的重要区别。我们可能会为自己的多元化政策而自鸣得意，但肯定不会让其他人重新安排我们的制度。我们必须找出我们的盲点，从那些我们以前没有听取其意见的人那里找到答案，并扪心自问，为什么他们不被允许去改变他们工作的组织和公司。

一个明显的迹象可以说明你作为一个领导者没能建立一个具备包容性的组织——就是大多数时候每个人都同意你的观点。包容性强的公司内部有很多分歧，因为每个人都有权说出自己的观点，说出自己对事情的感受。作为一个领导者，你并不总是对的！

我们将在"热情好客"一章中探讨"向他人伸出援手"的问题，这一特质在这里也至关重要。我们必须与那些处于弱势的群体进行交流，以了解我们是如何从他们那里夺走机会的。否则，我们将永远无法帮助他们走出困境，将永远无法真正包容他们。正如自称谦逊的行为是十分矛盾的一样，只有公司和组织中有大量与我们不同的人，我们才能被描述为包容的人。当我们的企业、社会不允许自由地充分表达自己时，我们整体都会因为缺失的声音而变得更弱。试想一下，交响乐团在乐曲的最后一幕要发出巨大乐声，而作为指挥家，我们的工作是确保从巴松到短笛的每一种乐器都能被听到，以充分发挥交响乐团的力量。这是一种强大的音量，如果你在现场听，可以感受到你的整个身体都在震动，并且这种强大的音量以一种几个弦乐或管乐器无法独自完成的方式震动着整个房间。事实上，我们的企业和组织经常会演奏出一些缺少管弦乐器的音乐。只有通过践行完全的包容性，一个公司或组织才能在世界范围内展示其全部潜力。

行动指南

你今天的所作所为将取决于你是谁，取决于你曾经是强者还是弱者，但首先：

回想一下生活中那些感到被排斥的时刻，回想一下那种感觉。想想那些你认识的，现在可能正在经历这样时刻的人，于是你决定成为一个对此有所作为的人。

今天就找机会倾听，并找出你的公司或组织中是否存在

"无意识偏见"。你打算对其做些什么?

　　为什么不在你的公司或组织内部进行调研,以确定每个人融入组织的程度,并找到你组织的盲点所在?

第二十二天　默默无闻
Anonymous

◆ 词语定义 ◆

▶ 不知道姓名或不公开姓名的人。

◆ 名人名言 ◆

▶ 我生不逢时。就气质和爱好来说,我本应当像巴赫一样(尽管是另一种规模)去过一种默默无闻的生活,并为已确定的目标定期地贡献出创作。

——伊戈尔·斯特拉文斯基(Igor Stravinsky)

俄罗斯作曲家、指挥家

▶ 在一个崇拜名人的国家,名人有无数狂热的追随者,为人谦逊便成为一种英雄式的品质。我在一些关于美式高调英雄主义的研究中发现,人们越来越反对它,并开始接受匿名主义。

——莎娜·亚历山大(Shana Alexander)

美国记者

▶ 人是可以做无名英雄的。我们不必非得成为名人,才能在世界上留下印记。

——马尔·弗莱彻(Mal Fletcher)

澳大利亚未来学家、评论员

▶ 许多最勇敢的人从来不为人所知，也得不到赞扬。但是，这丝毫不会影响他们的勇气之美……

——路易莎·梅·奥尔科特（Louisa May Alcott）
美国小说家

观点论据

你可能会认为"默默无闻"是一种需要反思的不寻常的领导特征，但我实际上是在谈论削弱自我意识，不再渴望成为众人瞩目的焦点，也不再需要在别人眼中担当重要角色。当然，我们当中总有一部分人希望自己做得好的事得到认可，但对得不到任何认可也能适应，并因为知道自己在做正确的事情而感到高兴，这也是一种美德。对一些领导者来说，成为当之无愧的英雄太重要了。优秀领导力的一个关键特征是能够以这样一种方式领导他人——让他人得到有可能并不匹配的赞扬，但对此并不在意，因为要实现更大的目标。有时候，领导力意味着强大，意味着成为团队的领导者和保护者，但更多的时候，领导力意味着让其他人也成为有能力的领导者。

理查·史丹格在《曼德拉之路》一书中讲述了一个故事，一天清晨，他与纳尔逊·曼德拉外出散步时，曼德拉开始回忆起小时候放牛的事。任何去过非洲的人都会知道，年龄非常小的男孩和这些大型动物一起外出，到不同的放牧区去，是一种常见的景象。史丹格回忆起曼德拉小时候的经历：

"如果你想让牛朝某个方向移动，你可以拿着棍子站在后面,然后让几只比较聪明的牛走到前面,让它们朝着你想让它们走的方向移动。其余的牛则会跟在前面几头更有活力的牛后面,但你实际上是在后面引导它们。"他停顿了一下说,"这就是一个领导者应该做的工作。"

后来,当谈到曼德拉被摄政王抚养长大的经历时,史丹格说:

> 一个好的首领不会大张旗鼓地陈述自己的观点,然后命令别人跟随他。他通常善于倾听和总结,然后试图塑造观点,引导人们采取行动,就像年轻的男孩在牛群的后面放牛一样。曼德拉认为这是非洲领导传统的精华。他将西方视为个人野心的堡垒,在那里人们为出人头地而奋斗,将他人抛在身后……非洲的领导模式更好地表达为"班图精神",即人们被他人赋予权力,我们通过与他人无私的互动成为最好的自己。

这些美丽的文字概括了我想说的关于默默无闻的大部分内容,也可能让我们想起了相反的情况,也就是我们过去看到的糟糕领导的例子。希望他们能鞭策我们成为无私的、默默无闻的领导者,当被他们领导的人得出自己的结论并自信地大步走出来,进而领导其他人时,他们会很高兴,因为他们知道身后有一张我们编织的安全网。

当别人把我描述为科茨沃尔德·法尔公司的所有者时,我有点犹豫不决,虽然目前我仍然拥有大部分股份,但我希望在那里工作的其他人都有一种他们是主人的感觉。事实上，我计划逐步将股份分配给团队的其他成员，以激励这种主人翁意识。我总是半开玩笑但也有几分真实地说此举是确保我有足够的假期，这部分看似是开玩笑的，但也有一定的道理。这样的话，在议程早期的时候，人们做决定就不必一直遵循我的意见。然后当我度假时，他们继续工作，因为没有我他们也干得很好。是的，领导力是关于保护和创造安全感，但它也是关于信任和放手。

我曾在"虚怀若谷"一章中提到，甘地总是乘坐火车上的三等车厢环游印度，因为那时很少有照片，没有人知道他长什么样；这导致他被视为一个普通人对待，有时甚至很糟糕地被对待。另一个案例是一个现代的例子，是美国西南航空公司的联合创始人赫伯·凯莱赫（Herb Kelleher），他被《财富》杂志称为"美国最好的首席执行官"。然而，赫伯总是在公司总部大楼里选择一间没有窗户的办公室办公。我在包括《福布斯》杂志在内的许多地方读到，赫伯认为，作为公司的首席执行官，他故意不选择条件最佳的办公室，为公司其他员工树立榜样。他坚信团队远比个人重要，这是航空公司平等主义本质的基础。如果你想知道在总部里谁的办公室视野最好，那就是每个人——因为从餐厅可以看到飞机跑道。

在企业内部，有大量关于地位的无稽之谈。例如，英国广播公司（BBC）播出的《学徒》（*The Apprentice*）节目将最新冠军得主们用一辆由司机驾驶的劳斯莱斯接走，这很难向一位即将成为商业领导者的年轻人士传递正确的信息，不是吗？我们还需要对我们的领导准则进行一些重写。多年来，我们所承受的领导风格中，往往都过于硬朗，其中既有来自男性的，可悲的是，也有来自女性的，她们有时不得不表现得像男性一样，以克服职业上的阻碍。实际上男性需要更多的女性特质来调和，比如同情心、同理心和协作——我在这里也将默默无闻包括在内。在幕后领导会让人感到舒适和平静，看到我们领导的人得到赞扬和赞赏会让人感到自豪，看到我们领导的人在我们前面进步会让人感到兴奋。

也许是时候让我们放弃被认可的需要，放弃获奖的需要，放弃被杂志和网络报道的需要了。我提到这一点是因为在过去有人太想要这种认可了。正如未来学家兼演讲者玛尔·弗莱彻所说，"我们不必非得成为名人，才能在世界上留下印记。"事实上，有数百万人就是这样做的，悄悄地、默默无闻地、不被认可地贡献。你愿意加入他们吗？

行动指南

今天，让我们本着默默无闻的精神，静静地度过我们的一天：

反思一下，你是想要得到认可，还是为了满足自己成为关注的焦点的需求。现在就悄悄地放弃这种需求吧。

你在幕后的领导能力如何？你是否允许别人走在你前面，接受赞美？

一天中设置三次闹钟，问自己这样一个问题：我是否很乐于在不要求别人认可的情况下达到目的？

第二十三天　来者不拒
Available

◆ 词语定义 ◆

▶ 可获得的或可接近的；能够被利用的；可随时使用的。

◆ 名人名言 ◆

▶ 有很多人愿意捐献金钱或物资，但很少人愿意贡献他们的时间与感情。

——丹尼尔·凯斯（Daniel Keyes）

美国作家

▶ 给予注意力是一个人最珍贵、最纯粹的慷慨举动。

——西蒙娜·韦伊（Simone Weil）

法国哲学家和神秘主义者

▶ 两个人之间建立友谊，重要的是双方可以互助。

——伊格纳斯·列普（Ignace Lepp）

法国作家

▶ 如果你有能力，但没有利用价值，大自然很快就会培养出一个能力较弱但有利用价值的人来取代你。

——伊斯雷尔莫尔·艾瓦（Israelmore Ayivor）

加纳作家和演说家

观点论据

很久以前，我们公司接受了投资者的评估，审查员说他对我管理方式中的"开放式政策"印象深刻。我没有告诉他，没有这样的政策，但对于这家公司20多名员工中的任何一名来说，在需要的时候可以随时来找我是一种常识，即使我不是他们的直属上级。参观其他公司的时候，我看到老板和董事在不同的办公室里，觉得很奇怪。如果你身在其中，那就应该主动为人们服务。是的，我们都需要时间和空间来专注于我们的工作，但这都可以在别人可能想和你说话的时间之外完成。如果你在办公室，甚至远程工作，那么能联系到你对于你的员工来说非常重要。

因此，与员工保持联系只是前提。但如果员工来自另一种企业文化，或者实际上来自你所在组织的另一个团队的文化，这可能就不够。我们如何让自己变得触手可及？有些人会认为与你直接沟通或求助有障碍，所以通常需要向你的同事表明你的可用性。罗伯特·默多克（Robert Murdock）在一篇名为《激进可用性》的论文中指出，重要的是"展示出你可用性的明确信号，并积极强化伸出援手会得到回报的想法"。设置无形的障碍非常容易，而变得更有帮助的一个重要部分就是积极地拆除你周围的障碍。换句话说，只开着门是没有用的。人们需要得到他们是受到欢迎的信号，知道自己可以直接走进你的办公室，为自己泡一杯茶，或者更好的是，让你为他们泡一杯茶。

在本书中，我一直在谈论清理我们头脑中陈旧过时的领导理念，并试图用正确的理念取代它们。谈到领导者，我们脑海中经常会浮现出一个著名的企业领导者的形象，他身边有武装保镖，身旁有障碍物，与他周围的人隔开。而真正的领导力则是特蕾莎修女蹲在印度一个贫穷饥饿的灵魂旁边的形象。回想某一位大人物愿意花时间和你交谈的时刻，你就会知道那种感觉有多特别。今天的领导者知道他们自己有问题，因为如果他们在职场不被视为"可用的"，那么员工将更难信任他们。因此，许多大公司现在已经取消了董事的用餐专区，让高级员工和其他人一起在同一个食堂用餐。

保持"可用性"也意味着你将注意力奉献给他人，并且倾听他们的话语及话语中的非语言信息，有人称之为主动倾听。当人们知道他们真的被倾听时，他们就被赋予了权力。我们该怎么做呢？首先，放下手机，或者更好的是关掉手机，调整好自己的面向，让你的注意力完全集中在对方身上，与他保持目光接触。接下来，通过适当地点头来表示你在倾听，确认他们所说的，然后重复他们所说的，表示你理解。持续给予他们你全部的注意力，直到他们完全说完才开始回应。当那一刻到来时，不要判断他们说得正确与否，适当地回应他们。你可能对其有不同的看法，但他们的看法准确地反映了他们对情况的体验，因此是完全有价值的。积极的倾听是与他人接触的一部分，也是建立信任的不二法门。

令人遗憾的是，在智能手机问世十年左右后，由于我们的注意力持续时间越来越短，许多人已经失去了倾听的能力。当我们和别人说话的时候，我们经常会因为想看手机的消息通知而分心。"可用性"意味着，与真人相比，手机远远排在第二位，这一点在工作环境和家庭中都适用。我非常喜欢和我的妻子一起度假或短暂的休息，这样彼此之间就有了交流的空间，没有其他干扰。当我们晚上出去吃饭时，我经常把手机放在酒店房间里，所以当我们在田园诗般的环境下吃饭时，海浪在附近拍打，我环顾餐厅，看到情侣们完全沉浸在手机中，感到非常惊讶。我希望有一天人们会抬起头来，欣赏当下的美景。

我们之前在讨论实际可用性时谈到了有形的障碍，如果我们要与组织内的其他人或家庭成员充分接触，那么信任的障碍也可以被打破。要让别人觉得你对他们完全有价值，就需要一定程度的公开和透明化信息。例如，如果想让他们认为你作为一个领导者对他们的团队或公司的很多信息都很了解，你可以将信息在工作场所完全透明化，将收入和损益数据在白板上公示，与团队分享好消息和坏消息。有时我们可以完全公开透明地分享消息，因为没有什么会是永远的秘密。当你把人们当作成年人来对待并分享信息时，他们会觉得彼此都有联系和参与，并认为你是完全可信任的。

行动指南

今天起，学会成为一个有利用价值的人：

首先，反思一下作为一名领导者，你在身体和情感上对同事的可用性有多大。你能做些什么来增加你的亲和力呢？记下你想到的任何事情。

如果你和别人生活在一起——或者，如果不是，想想你的朋友——在个人层面上，你对他们有多友好？你能在多大程度上更加开放和诚实?

今天试着在某次对话中实践积极倾听。如果这对你来说是新鲜体验,你可能会需要写下我上面列出的步骤帮助进行记忆回溯。

第二十四天　不厌其烦
Patient

◆ 词语定义 ◆

▶ 以坚韧和冷静的态度承受挑衅、烦恼、不幸、拖延、困难、痛苦等，没有抱怨、愤怒或类似的情绪。

◆ 名人名言 ◆

▶ 耐心等待，不要被动等待。被动地等待就是懒惰。但是，当事情艰难而进展缓慢的时候，能坚持下去——这就是耐心。耐心和时间是最强大的两个战士。

——列夫·托尔斯泰（Leo Tolstoy）

俄国作家

▶ 耐心对待所有的事，而首先就是要对自己有耐心。不要在意识到自己的不完美时失去勇气，而是应该立即着手补救——每天都是新的开始。

——圣方济各·沙雷氏（Saint Francis de Sales）

法国主教和圣徒

▶ 耐心不仅仅是等待……关键在于你如何等待，也取决于你等待时的态度。

——乔依斯·迈尔（Joyce Meyer）

美国牧师

▶ 所有看似失败的事情都有好的一面。你现在不能看到，但时间会证明。对此我们要有耐心。

——西瓦南达·萨拉斯瓦蒂（Swami Sivananda）
印度精神导师

观点论据

中国有一个古老的寓言，讲的是一个农民种植竹子，希望用卖竹子赚来的钱养家糊口。他种下种子，每天用水桶提水浇水。起初，他不指望看到任何竹子生长。一年后，他希望能看到一些萌芽，然而，什么都没有。他不厌其烦地继续给他播下的种子浇水，就这样，又浇了一年，仍然什么也没发生。他开始变得沮丧，但耐心地继续在那块地方浇水。第三年，其他村民都嘲笑他，因为三年来他每天在田里辛苦工作却没有回报。第四年过去了，地面上仍然没有任何东西露出来。这时候，农夫变得非常沮丧，但他仍然对自己说："我现在不能停下来。"

然而，在第五年的某一天，整个村庄都被农夫的叫喊和欢呼吵醒了，因为他看到小芽从地里冒了出来。这些芽几乎在他眼前生长，很快就长到了1米，然后2米，仅用6周，它们就长到了惊人的25米高。当然，这个寓言与我们相关，隐喻着我们成长及成熟的过程，以及在多年被认为毫无结果地浇灌后，凭借耐心取得成功的过程。但在最初的4年里发生了什么呢？竹子了不起的根系在土壤下发育着，它维持着竹子生长时对水的极度需求。如果农夫在土壤下面乱翻，就破坏了这种根部发育，竹子也就不会生长了。

这就和我们一样。我们生活在一个瞬息万变、急功近利的社会，往往没有耐心看到项目的长期积极结果。不可避免的是，在我写这本书的每一章时，我都在审视自己，看自己是否符合每一项品质的要求。虽然我能感觉到自己在某些方面取得了不错的进步，但不确定自己在耐心方面是否也取得了进步。大学毕业后，我想马上加入一个慈善项目，到世界某处去产生积极的影响，但让我失望的是，我开了6个月的卡车，然后花了3年的时间做销售。但如果我那时理解了什么是耐心，就会更感激在这些日子里学到的关于生活和职场的重要课程，这些课程后来对我大有裨益。

像甘地这样的人也不得不忍受某些事物：他想在自己国家的土地上看到正义，但在返回印度并做出革命性的改变之前，他在南非待了很多年。纳尔逊·曼德拉，他被关在监狱里27年，这期间无法实现他种族平等的梦想。然而，就像竹子的故事一样，这些人蛰伏期间也在进行着准备工作，在机会到来时，很快就取得了很大的成就，并迅速实现了自己的愿景，这主要归功于耐心的特质塑造。

我们重温乔依斯·迈尔的名言，她所说的不仅是等待，而是我们等待时的态度。我们中的一些人已经学到了一些关于等待的知识，但关于等待的态度还有很多要学。很多时候，我们表面上看起来很平静，很有耐心，但内心却很沮丧，有点暴躁。前面引用的"耐心"的辞典定义提供了一个"清单"，列出了我们必须忍受哪些才能证明自己是真正有耐心。

另一个我们可以用的词是"坚持",即在环境可能对你不利的时候也能坚持下去的能力。许多成功人士不得不忍受经济困难、其他人的批评、灰心丧气的话语或因无法信守诺言而让他们失望的事情。问任何一个取得成功的人,我保证他们会经历其中的一些或以上所有。其中缺乏耐心的人会放弃,转而做别的事情,但那些确信自己在追寻梦想的人会坚持下去并取得成功。这些人确信他们的目标,并相信,他们最终会成功。用圣方济各·沙雷氏的话来说,他们"对自己有耐心"。有时候我们只需要放松一下,接受取得成功的过程往往比我们所希望的要长这个事实。

到目前为止,我们主要讨论了关于长期项目中耐心的品质,但是日常生活中的耐心呢?企业家和领导者的问题在于,我们有时会把对自己的不耐烦投射到别人身上。我们希望完成一项任务,而且可能会通宵熬夜去完成,但其他人可能会花更长的时间,而且会比我们做得更好,因为他们更注重细节。赋予他人一部分权力不是让他们喘口气,而是让他们以自己的方式和时间完成工作,让他们犯错误并从中吸取教训。如果不耐烦地中途插手,只会阻碍他们学习,最终限制他们的成长。

在写这一节的时候,我一直在观察我的猫——汤姆,它每天都在池塘边至少坐两个小时,耐心地看着鱼,希望能捉到一条。五年来,阳光明媚的日子里它都会去坐着,一直没有成功,但也许有一天……我们也有猫的耐心吗?

> **行动指南**
>
> 今天让我们学着多一点耐心:
>
> 回想一下你认识或者你了解的人中,哪些人比你更有耐心。向他们的耐心表示敬意并从中学习。
>
> 回想一下你曾经没有足够耐心,放弃梦想的时候。你吸取教训了吗?你需要回去继续追寻那个梦想吗?
>
> 从今天开始思考,在日常工作或家庭生活中,你如何才能更有耐心,给别人更多的空间和时间来交谈和学习。记下你可以更有耐心的地方。

第二十五天　热情好客
Hospitable

◆ 词语定义 ◆

▶ 热情而慷慨地对待客人或陌生人。

◆ 名人名言 ◆

▶ 好客意味着创造一个自由的空间，让陌生人进入并成为朋友，而不是把他们看作敌人。热情好客不是为了改变人们，而是为他们提供可以改变的空间……

——亨利·卢云

荷兰教授、作家

▶ 热情好客意味着我们把人们带进我们的生活、思想、心灵、工作和我们的成就中。热情好客是我们走出自我的方式。这是消除世界壁垒的第一步。好客是我们彼此交心，改变这个充满偏见的世界的方式。

——琼·奇蒂斯特（Joan Chittister）

美国修女

▶ 当人们有事求你时，会对你非常热情。当人们给你找事时，就没有什么热情好客可说了。这两个简单的字——"求"和"找"——表达了这一切。

——丹尼·迈耶（Danny Meyer）

美国餐馆老板

观点论据

在我看来，真正的好客有两个基本要素：非互惠和食物。让我们先探讨第二个要素，然后再更深入地讨论第一个要素。吃喝可以很好地反映一个国家的文化，提供吃喝的方式完全取决于一个国家对好客的理解。在许多文化中，如果没有吃的和喝的，就无法表达"欢迎"和"爱"这两个词。事实上，我们需要记住，我们邀请他人进屋喝杯茶的做法可能看起来很好客，但在许多文化中，这也可能是不礼貌的，因为任何欢迎对方到家里来的行为都暗示着一起吃饭。如果我们的工作和业务与建立关系有关，那么我建议大家在开会时也提供一些食物。在我们的文化中，邀请工作关系的人来家里吃饭或邀请客户到家里做客可能很奇怪，但在其他文化中却相反，不这样做才是奇怪的。跟别人一起吃喝也可以改善彼此的关系，正如下面这则故事所示。

我记得，许多年前的一个四月，旅游旺季开始之前，我被困在了希腊的塞里福斯岛上，因为我没有注意每周只有两艘船来往这个小岛。岛只有25平方英里（英制单位，1平方英里≈2.59平方千米），没有什么可做的事情，但我们设法找到了一辆摩托车，骑到岛的另一边，那里有一个修道院，里面住着一个孤独的修女。我们没有事先通知对方，就在午饭时间来到修道院，令我们惊讶的是，修女为我们做了一顿美味的饭菜，我们在没有任何共同语言的情况下，不知怎么地就交谈了两个小时。由于她的热情好客——没有任何附加条件的食物和爱，我们之间产生了联系。

此外，在另一次穿越塔克拉玛干沙漠的旅行中，我被邀请到一个住在偏僻之处的家庭做客。我们一行人已经在沙滩上旅行了12个小时还多，但在这个完全偏僻的地方，他们竟在沙漠中制作出如此美味的食物，这让我们很惊讶。在世界上相对贫穷的地方，被热情款待也许更令人觉得不可思议，那里的人们总是会确保你能享用到的是他们所能提供的最好的一顿饭。也许他们会给你鸡肉，这通常是他们每周只吃一次的食物。有一次，我们吃了山羊，招待我们的主人家里通常一年只杀两次羊。也许有很大一部分人不想要这种特殊待遇，但剥夺人们表现热情好客的机会是粗鲁的，非常没有爱心。当我受到这种程度的款待时，我总是会问自己："我能对别人也表现出同样的热情吗？"

我喜欢丹尼·迈耶对热情好客的定义，即热情好客是出于我们内心而不是出于对我们来说有利可图的事情。其实这就意味着为人们创造改变的空间，毫无疑问，我们中的许多人需要在生活中有更多这样的空间。在这里，人与人之间的阻碍被消除了，弱点也被暴露出来，展示出更多无条件的爱。当这一切都同时发生，人们很难不发生改变。但某些形式的招待——例如西式晚宴——通常无法表现出真正的好客。这类招待形式通常会造成一种负担感，因为它仿佛要求人们回馈邀请。过去，我总是邀请那些从来没有邀请过我的人来做客，这与当时的时代精神背道而驰，但后来他们感到尴尬，便不再接受邀请了。

当你掌握了真正的待客之道，欢迎人们来你家时，你的脑海中根本就没有寻求互惠的想法。你想做的仅仅是提供食物和享受他们的陪伴。但对我们中的许多人来说，能够在不需要互惠的情况下就接受邀请可能会很难。我们需要学会接受他人对我们的热情款待，接受它背后的爱，并沉浸在它所创造的友谊中。如果我们不能简单地接受款待，我们就可能无法创造亨利·卢云所描述的那种自由空间。

也许我们需要更多地学习如何热情款待那些永远无法回报的人，比如无家可归者、陌生人、苦苦挣扎的单亲家庭或孤儿。在许多文化中都有行善、帮助弱者和被社会排斥的人的故事。真正的好客是欢迎他们进入我们的心和家，并确保他们是我们宴席上的客人。好客不仅关于饮食上的招待以及欢迎他们进入我们的家，还关于爱他人，即使是那些表面上看起来并不特别可爱的人。

对我来说，这就是为什么热情好客的特质对领导者来说很重要。确实，它是关于食物以及享受与他人的陪伴和爱。当然，它也意味着非互惠和没有任何附加条件——但它的意义远比这两者更多。热情好客是一种心态。它是欢迎所有人进入我们的生活，无论他们来自哪里。我们作为领导者，有多受欢迎？有没有我们不欢迎的人到家里来和我们一起聚会？我们真的能称得上是一位热情好客的领导者吗？

行动指南

今天让我们成为一个热情好客的人：

回想一下自己曾经如何表达热情好客。你如何以开放的心态和热情欢迎他人？你是否为其他人创造了热情的空间？

你家是否会接待不速之客？你的企业或组织如何才能变得更加好客？记下一些你可以在家里和工作中表现出更热情好客的方式。

想一想可以邀请到你家并且不太可能会回请你的某个人或一群人，并在本周对其发出邀请。

第二十六天　缄默寡言
Silent

◆ 词语定义 ◆

▶ 不表达，不交谈，不吵闹。

◆ 名人名言 ◆

▶ 看看大自然中的花、草、树木是如何在沉默中生长的，看看星星、月亮和太阳是如何在沉默中移动的……我们需要沉默才能触及灵魂。

——特蕾莎修女

▶ 我们每个人或许都有爱沉思的一面，它虽被极力扼杀，但仍然存在。我们渴望安静地享受当下，渴望触摸让一切趋于完整的沉默的真实意义。

——艾伦·P.托里（Alan P. Tory）

澳大利亚神学家

▶ 独自静坐的人逃避了三场战争：听、说、看；但是有一样东西是他必须不断与之斗争的，那就是他自己的内心。

——安东尼（Antony）

埃及修士，"沙漠教父"

▶ 当你沉默的时候，你最强大。人们从不期望沉默，他们期待的是言语、动作、防御、进攻，来来回回。他们想要加入战斗，他们准备好了，举起拳头，话从嘴里蹦出来。沉默？不。

——艾莉森·麦吉（Alison McGhee）
美国作家

观点论据

你可能在想，一个领导者怎么能保持沉默呢？当然，我并不是说一直沉默，但我认为在许多情况下，我们应该少说多听，既要倾听我们内心的声音，也要倾听他人的声音。许多人大部分时候都被噪声包围着。即使当我坐在相对安静的乡下的房子里写作，也能听到远处车辆的轰鸣声、鸟儿的歌唱声，和邻居使用电动工具的声音。有些人会觉得沉默极具挑战，他们无法忍受安静的生活。他们一进起居室就打开电视，即使在锻炼的时候也一直听着音乐，睡觉时也开着收音机。我们已经在前面就已经谈到了独处，虽然这里有一些重叠的部分。当然，独处不代表沉默，非独处时也不一定不沉默。在这里，我们是在引导少说多听或享受沉默，并在适当的时候说话。但通常情况下，我们往往说得太多了。

世界上大多数信仰都发现了沉默的力量及其带来的好处。现在，一些世俗团体也组织了一些静修活动，作为我们度过喧闹的世界的解药。我妈妈在贵格会学校上学，我记得她告诉我，他们吃饭时必须安静，甚至不允许要盐和胡椒之类的调味品。你必须想办法使其他人注意到，你想要哪些调味品，并让他把调味品提供给你。下意识地，她把这一点也贯彻到了她的成年生活中，并经常在开饭时坐着等其他人把盐一类的东西递给她。交流确实可以在沉默中进行，这也是我们需要学习的一堂课。我们中的许多人都能体验到和我们爱的人坐在一个房间里，不必说什么也非常舒适，能体验到一种深度的沟通和联系。在这种情况下，言语是多余的，只有当我们不了解其他人时，沉默才是尴尬的。

我记得在一次旅行中，我了解到了"普斯蒂尼亚"（poustinia）这个地方。该词源于俄语，意为"沙漠"，这里的"沙漠"指的是一个没有窗户的黑暗小屋，里面有一把硬椅子和一张点着蜡烛的小桌子。作为我静修的一部分，我要在普斯蒂尼亚绝对宁静地待上一小时，只有一支蜡烛做伴。如果你不习惯，沉默一个小时就是很漫长的，但对我来说，这是一段深刻的经历，由于有几个年纪尚小的孩子，我的生活过于活跃了。通过沉默，我们可以更深入地了解自己，更好地与世界保持联系。现在我每天都沉默一段时间。

音乐家约翰·凯奇（John Cage）在一场音乐会上演奏了一首名为《4分33秒》的作品。音乐会上，管弦乐队沉寂了4分33秒。凯奇希望观众在欣赏音乐会的其余部分之前，先听听周围的寂静之声。我们在谈话和会议中也是如此。即使当别人在说话时，我们中的许多人的内心并不真正沉默，因为我们正在思考我们接下来要说什么。在日常生活中保持沉默也有助于我们真正倾听别人说话。与你交流的人会觉得自己更有价值，因为他们知道你在真正地倾听。当你下一次有话要说的时候，你的沉默会很有帮助，因为像你一样沉默的人也在真正地倾听你。事实上，那些在会议上发言较少的人会被在场的其他人认为是更聪明的，这说明沉默不仅意味着你会更好地倾听，而且当你说话时，别人也会更专心地听你说话。正如柏拉图所说，智者说话是因为他们有话要说，傻瓜说话是因为他们总得说些什么。

集体沉默也有它的力量。例如，在国家层面我们使用默哀来纪念那些在战争中牺牲的人。过去，默哀的时间是两分钟，现在似乎缩短到一分钟。在这些注意力持续时间很短的时代里，沉默对我们来说似乎太难了。我们为何不回到更适应长久沉默的时候呢？也许我应该发起请愿？我记得一次印度之旅，虽然我们有13个人，但时不时会花一个小时在"神圣的静默"中散步，那里有一种我以前从未体验过的力量。群体越大，潜在的力量就越大。

伦敦格伦费尔大厦发生骇人听闻的火灾，造成72人无辜遇难，一年后，人们举行了默哀游行，纪念遇难者，呼吁正义。下面是丽莎·卡明（Lisa Cumming）在默哀游行时说的话：

> 我曾在悲惨的暴力事件——骚乱、洪水——发生后同社区的人们聚集在一起，但我从未体验和感受过伦敦格伦费尔大厦火灾后，人们聚集在一起的力量、同情和能量……有人在弹钢琴。有人柔声细语地告诉我们，是时候开始无声地默哀了。老人、年轻人、幸存者和支持者聚集在一起。当我们等待的时候，一个穿着高立面夹克的年轻人要求大家保持沉默，他只说了几句礼貌的话提醒大家。然后，大家便默默哀悼……在此前，我一直在学习关于集体沉默的力量。为格伦费尔默哀的是最不可思议的团体，他们在悲痛中相互支持，同时寻找人们举

着的标语中不断回响的三个词——爱、真理、正义。

我通常每周会在社交媒体上发布一段两分钟的视频，谈论一些优秀领导力的话题，但最近当我上传视频时，我内心有些抵触，因为我意识到自己向世界输出了太多的言语，而世界上可能已经有太多的言语了。也许我应该花一周时间去表现得像约翰·凯奇一样，发布一段两分钟的视频，视频中我静静地坐着。也许这样会有更大的影响。个人沉默是强大的，集体沉默也是如此。让我们把更多的沉默注入我们喧闹的世界，这将使我们成为更好的领导者。

行动指南

学会将沉默作为生活的一部分：

现在，设一个5分钟的闹钟，在5分钟内保持沉默。当你走神的时候，把闹钟重新调回去，专注于你的呼吸，这会有助于你享受沉默。

今天，花一些时间保持沉默。如果你从繁忙的家庭来到繁忙的工作环境（或反过来），找到一个可以安静思考的地方就更有必要了。养成习惯，每天都这样做。

在今天的会议或谈话中，积极地倾听，保持沉默，时间最好比平时长点。学会面对对话中的沉默。少说往往意味着更明智的言辞。

第二十七天　能屈能伸
Resilience

◆ 词语定义 ◆

▶ 从震惊、疾病、困苦……中轻松迅速地恢复。

◆ 名人名言 ◆

▶ 韧性和麻木有很大不同。它意味着你的经历、感受、失败、受伤。你跌倒了。但是，你依然坚持走下去。

——雅斯门·莫加埃德（Yasmin Mogahed）

美国心理学家

▶ 不要以我的成功来评判我，而要以我跌倒后又爬起来的次数来评判我。

——纳尔逊·曼德拉

▶ 生活不会变得更轻松或更宽容，我们会变得更强大且更有弹性。

——史蒂夫·马拉波利（Steve Maraboli）

美国作家和领导力教练

▶ 人类承受负担的能力就像竹子一样——比你第一眼看到的要有韧性得多。

——朱迪·皮考特（Jodi Picoult）

美国小说家

观点论据

如果有一个形容词来形容"反弹能力"（bouncebackability），我可能会用它作为今天的章节标题。事实上，我查了一下"反弹能力"一词，发现这个词最早是伊恩·道伊（Iain Dowie）在谈到他的足球队时使用的，用来形容他们在一连串糟糕的结果后触底反弹的能力。它确实描述了一种我想在这里写的性格特征，这对于一个好的领导者或者任何想要积极改变世界的人来说都是必不可少的。与任何成功人士交谈，99%的情况下，他们都会承认自己失败过不止一次，并承认在试图实现自己的目标或使命时多次遭遇挫败。许多人都认为，成为一个伟大的领导者（而不仅仅是一个好的领导者）的关键是从失败或惨败中恢复过来的能力。在日常生活中，我们都会有艰难的时刻，如果我们在领导别人，重要的是我们不能拖垮他们。

那么，我们如何培养韧性呢？我确信这里没有魔法或捷径。它就是在困难中学习，并在下一次变得更强大。请允许我谈谈我自己的经历。2014年，我们的业务取得了成功，并准备安装新的仓库管理系统，这就会淘汰我们旧的仓库文书。首先，在新系统"上线"的前一周，团队的两名关键成员因盗窃股票而被开除了。其次，由于我们的数据没有足够的完整性，安装系统进行得非常糟糕，导致新系统在第一周就崩溃了。4天后，洪水淹没了一个装满货物的仓库过道。两天后，我接到一个电话，通知我，我的运营总监，仓库运营的负责人，疑似心脏病发作，被紧急送往医院，我们要到几周后才能见到他。我花了15年时间建立的公司突然快要破产了。客户和供应商都得到了这一骇人听闻的消息。我的团队大约有45人，而由于两个月来遭遇的各种业务压力，其中几个成员决定离开公司。

这是我在5年内第二次跌入谷底，上一次是我第一次婚姻破裂时。为了挽救公司，我以错误的方式运营着公司，如同无头苍蝇一样，但公司的状况没有取得多大进展。回家后，我也常常在午夜惊醒，不得不面对公司有可能完蛋的命运。

在那至关重要的几个星期里，我在心里放下了所有的成功和成功的表象，开始想象没有这家公司的生活。我最终达到了一种无论发生什么都能欣然接受的状态。当然，我仍然希望一切顺利——尤其是所有为我工作的人——但我不再依赖于积极的结果。结果，我们成功地扭转了局面，现在我要说的是，这是一个转折点，如今业务向着目标更明确、更快乐的方向发展着。我完全相信，拒绝依附感是韧性的关键。并不是说你感觉不到痛苦和困苦，而是你知道，无论发生什么，作为一个人，你都会从另一面走出来，变得更加坚强。这是很难掌握的一课，但你经历的次数越多，处理逆境就越容易。

5年后，我们通过转移仓库改变了公司的物流模式，这将使我们的碳排放减少46%，然而一切又变得非常糟糕。但这一次，由于5年前就拥有了面对挫折的经验，超过一半的管理团队也有了这种韧性，我们有一种与之前完全不同的决心和积极的态度，我们渡过了难关。痛苦和愤怒仍然存在，但每个人都知道我们做出决定的理由是正确的，我们为此团结一致。

马修·萨伊德（Matthew Syed）在他的书《弹性》（Bounce）中使用了"勇气"（grit）一词。他说，从数学到音乐，勇气和韧性是成功的必备条件。那些搞砸了，犯了很多错误但继续前进的人更有可能成功。萨伊德说，如果人们坚持做某事，大脑的神经结构就会改变。所以，韧性不是一种遗传特性，而是来自实践、经验和失败。我喜欢"沙砾"（grit）这个词义，因为它让我想起小时候摔倒在粗糙的地面上，把膝盖上的皮肤都刮掉了。疼得要命，但通常都能痊愈。

1888年，尼采写道："任何杀不死你的，都会使你更强大。"这句话出现在一本格言书中，他没有对此做出进一步解释，这很有趣，因为每个人都凭直觉和经验认可这句话是绝对正确的。我们知道，通过我们自己糟糕的经历，我们变得更强大，回顾我们自己的生活，看到我们是如何从幼稚、愚蠢的我们成长为今天的我们。

要成为一个好的领导者，就要面带微笑地度过这些困难时期，内心重新鼓起决心和勇气，要坚信我们是更好的人，更有能力通过培养自己的品格，对他人的生活产生积极的影响。有韧性的人是其他人想要追随的领导者。

行动指南

韧性需要用一生的时间来培养，但我们今天能做的是：

回顾你生活中较困难的一段时期——就是你脑海中出现的第一件事——并思考这件事是如何改变你的。感谢那段时光。明白性格的力量是在充满挑战的时期建立起来的，且会在未来支撑你前进。

你现在是否正在经历困难？如果是的话，在这一刻，有意识地把你所做的与你是谁分开。你自己比一单成功的生意或一段成功的关系更重要。你会挺过去的。

如果你如今正经历一个艰难的时刻，找一个可以依靠的肩膀。或者，也许你可以成为别人的肩膀？给那些处在困难时期需要你支持的人打个电话或发个短信。

第二十八天　团结协作
Collaborative

◆ 词语定义 ◆

▶ 两个或两个以上的人为了一个特定的目的一起工作。

◆ 名人名言 ◆

▶ 在人类漫长的历史中，那些学会合作的人占据了上风。

——查尔斯·达尔文（Charles Darwin）

英国博物学家和生物学家

▶ 合作总是胜于竞争……而且也更有趣。

——希尔维奥·米卡利（Silvio Micali）

意大利计算机科学家

▶ 单枪匹马，杯水车薪；齐心协力，其利断金。

——海伦·凯勒（Helen Keller）

美国作家、政治活动家

▶ 合作没有等级制度。就像太阳与土壤合作，为地球带来花朵。

——阿米特·雷（Amit Ray）

印度作家

观点论据

正如前面提到的，由于过去领导力分配的性别不平衡，当我们想象"领导力"时，脑海中出现的很多东西都是典型的男性特征，因此，我们必须强调女性的特质，以恢复平衡。擅长合作无疑是这些品质之一，女人天生比大多数男人更擅长合作。对许多男人来说，在职场和其他领域的目标，通常都是关于如何击败我们的竞争对手。然而，虽然很容易看出谁会赢得足球或网球比赛，但职场和生活并不全是为了赢。你会在职业生涯结束时说你赢了吗？不。我们会在财政年度结算时说我们赢了吗？不完全是。我们可以说，我们超出了预计，达成了目标，但至于输赢，可能无法确定。许多人得出的结论是，2008年的全球金融危机之所以发生，只是因为交易室里那些争强好胜的男性，他们没有像女性那样分享信息和合作。

西蒙·斯涅克在他的《无限的游戏》（*The Infinite Game*）一书中谈到了如何摆脱这种在意赢与输的心态，他说，许多人（大多数是男性）以有限的方法玩了无限的游戏，比如职场和生活的游戏，这导致了很多挫折、不快，最终对人类和地球都造成了损害。这也是在某些环境中缺乏协作的主要原因之一。以合并为例，这种合并很少涉及实际的合作，通常是一家公司对另一家公司的收购。合并实施后，往往会觉得某位高管看起来比另一位高管地位更高，像位赢家。然而，根据毕马威会计师事务所的数据统计，高达83%的并购案失败了。在最需要合作的情况下，这类领导者大多数由于方法有限，缺乏合作能力。

资本主义经济的核心原则是竞争而非合作，"由市场决定"是其最受欢迎的口号之一。现在，人们普遍承认，许多资本主义市场经济难以解决的问题引起了争议，由竞争型经济向合作型经济转型势必是首要问题。数学家一直主张合作比竞争更好，因为合作会产生更好的结果。才华横溢的伊芙·普尔在她的博文《七宗大罪——资本主义的问题及其对策》中的论述比我写的要好得多，这篇博文写于2014年：

> 那些将交易视为胜负之战的人迟早会被淘汰，因为他们的品牌会失去优势，市场会淘汰他们，他们自然会破产。另一方面，合作和信息共享会增大"蛋糕"的规模，而不是将辩论局限于如何最好地分割有限的蛋糕。竞争不仅在数学层面令人怀疑，它也涉及性别歧视。男性的生理机能会青睐竞争，特别是在具有挑战性的环境中，但它忽视了女性生理机能所发挥的作用。对女性受试者的研究表明，女性的生理反应完全不同，可称为"照顾和友好"型。因此，沉迷于竞争实际上也许加剧了产生一种"次优"结果的趋势，这种趋势通过传统的男性化职场环境而得到强化。

在我自己的专业食品和饮料批发的领域里，遇到的其他批发商绝大多数都是完全由男性领导团队经营的，而且据我所知，他们似乎倾向专注于其他公司在做什么，而不是专注于他们自己在做什么。我们公司内部禁止使用"竞争对手"这个词来描述他们，如果我们必须谈论他们,我们更喜欢使用"其他批发商"这个词。事实上,我今天就听说其中一家可能要倒闭了。这让我感到难过而不是高兴,其实这对行业不算好事,因为我们都有同样的目的,鼓励消费者吃得更好,以及所有批发商都在供应链中采用减少碳排放的措施。然而,在许多行业,尤其是在数字经济中,合作是常见的行为方式,但即使在那里,合作也只是在一定程度上进行,然后旧的竞争思维就会发挥作用。那么,是什么让我们成为一个真正具有合作精神的领导者,而不仅是一个战术上的合作领导者呢?

我们在西方遇到的主要问题之一是,我们认为高度独立的生活方式是正常的,而历史上人类实际上比我们现在更习惯于以社区为导向合作。以人类历史为背景,晚上开车回家后,把自己关在与世隔绝的房子里,关在紧闭的大门后面,这是非常不正常的。在更广泛的历史背景下,积累财产而不考虑与他人分享也是不寻常的。在许多文化中,会更尊重住在更大的房子里或开着更贵的车的人,这是很奇怪的。事实上,在一些文化中,例如厄瓜多尔或印度尼西亚的文化,拥有过多财产但不与社区分享的个人会被视为奇怪的人,可能需要心理帮助。当然,我们社会的财富信仰大多来自人们的不安全感,以及他们通过给别人留下深刻印象来改善自我感觉的需要。

真正具有合作精神的人不会介意分享信息和财产,只要这对整个社区或工作场所有帮助。当其他人知道,他们得到赞扬是共同努力的结果时,会很高兴。他们会知道,他们所取得的任何成就都只是因为他们站在了巨人的肩膀上,这些巨人已经走在了他们的前面，或者还在幕后帮助他们。也许在合作中最重要的因素是了解我们自己的弱点。当人们问我在商业领域特别擅长什么时，我往往会回答说，我只真正擅长一件事，那就是找到比我好得多的人，以合作的精神渗透业务的所有领域。从初创企业获得的统计证据表明，由联合创始人（两人或两人以上）创办的企业比由一个人创办的企业成功的机会要大得多，如果联合创始人有互补的优势，成功的机会甚至更大。科茨沃尔德·法尔公司成立之初就是这样，当时我与一位特点完全互补的联合创始人共事，尽管这种合作关系只持续了两年，我们就友好地分手了，但这种合作模式为公司的未来奠定了基础。我当时非常清楚自己的弱点，现在更是如此，这促使我与他人合作。在我们面临21世纪的挑战时，只有懂得合作的领导者才有生存空间。

行动指南

将今天当作一个合作日：

你对自己的弱点了解多少？思考一会儿，然后写下你的弱点。对于每一个弱点，问问你自己，你的企业或组织中是否有人有能力与之互补或抵消。

赢对你来说有多重要？让他人在你的成果之上获得更多成功，你开心吗？如果不开心，为什么？

今天，在组织或业务的不同部门（精神上或现实中）四处走动，并对可能增加合作性的想法持开放态度。随身携带笔记本记录下你的想法。

第二十九天　相互共生
Interdependent

◆ 词语定义 ◆

▶ 相互共生是一群人或事物你依赖我，我依赖你的状态。

◆ 名人名言 ◆

▶ 同情的整体理念是基于对所有生物相互依赖的敏锐意识，它们都是彼此的一部分，都是相互关联的。

——托马斯·默顿

美国僧侣

▶ 没有一个个人或国家能够夸耀自己的独立。我们是相互依存的。

——马丁·路德·金

▶ 人类的基本法则是相互依赖，一个人是通过其他人成为一个人的。

——德斯蒙德·图图（Desmond Tutu）

南非教士和神学家

观点论据

"相互共生"这个词不常用于人，但我在这里指的是意识到人类间的相互依赖，或者更好的是，成为个人主义的对立面。我打算用"社区导向"这个词，这个词在局部地区也适用，但我想找一个词来表达我们在各个方面对世界其他地方资源的依赖程度。我们需要如蔬菜、矿物和动物等，作为当地稀缺资源的补充。这个想法与我们将在"联络紧密"一章（第32天）中看到的想法有共通的作用，但在这是我侧重于我们相互依赖的意识，作为对猖獗的个人主义的解毒剂。这种个人主义现在在西方文化中很普遍。失去这种根深蒂固的文化独立性和个性，走向相互共生关系，不仅对我们的幸福和成功至关重要，而且对我们的星球本身也至关重要。

我哥哥住在美国加利福尼亚州马林县的缪尔森林附近，我在拜访他的时候去过两次海岸红杉林。我记得我站了将近一个小时，抬头看着树冠，对那些树的惊人的高度感到非常惊讶。它们比任何一张照片中样子都令人惊讶。其中一些树有300英尺（英制单位，1英尺≈0.3米）高，超过2500岁，所以你可能会自然而然地以为它们有惊人的根茎，可以延伸到地下数百英尺深的地方，从中吸取水分，并为它们提供足够的稳定性。后来我发现，这些植物界的巨人的根系其实很浅，但所有的根都是交织在一起的。它们彼此锁在一起，面对暴风雨和强风也很少倒下，因为树木之间相互支持和保护。这是可爱的相互共生的象征。

我们中的许多人在成长过程中被灌输了这样的观念：把自己当成孤立的个体，不管对别人有什么影响，都要把自己的利益最大化，无论对生产产品的贫穷国家的影响如何，都要尽可能便宜地购买产品。我们受到的教育就是，尤其是在商业环境中，要不惜一切代价赢得胜利。作为商业领导者，我们可以很容易地告诉自己，我们应该为自己赢得胜利，并对自己说"多年来，我们每天工作12小时，所以，我们理应获得成功。"享受一些奢侈品并没有什么错，但如果我们公司、社区或供应链中的其他人因此而受苦，那问题就大了。正如马丁·路德·金所说，"只要世界上有贫困，我就永远也说不上富有，即使我有10亿美元。"

我们对我们与地球的相互共生关系缺乏了解，这正在造成可怕的后果，我们是否能扭转这种人为的灾难仍不确定。多年来，我们一直在以越来越快的速度消耗着地球上的资源——为了赢得这场竞赛，我们到底会走向何方？现在，由于气候变化，地球上的基础设施正在崩溃，我们不会再"赢"太久，因为我们都将受到我们、我们的父母和祖父母所造成的破坏的影响。"这种不负责任地破坏我的资源的行为必须停止！"大自然似乎正在呼喊。这一事实一定会让我们看到，我们不是孤立的个体，无法在不考虑他人的情况下独善其身。我们也没有权利认为自己只是孤立的社区、城市或国家。在21世纪，整个人类是相互联系、相互依存的。在越南、印度和坦桑尼亚，美国梦有可能造就一场噩梦。

那么，作为个人和领导者，我们如何变得更支持"相互共生"呢？这种转变取决于我们的选择。作为个人消费者，我们不能再让金钱成为我们决定是否消费的唯一因素。最便宜的产品往往是那些对世界上其他人和地球本身造成损害的产品。在食品和饮料行业，大多数购买决定完全基于价格，而不考虑社会利益或地球环境。态度正在发生改变，尽管变化很慢，但作为消费者，我们可以通过改变自己的一些个人购买习惯来加速变化。另一个必要的改变是通过减少不平等来确保每个人都有做选择的权利，因为太多的人的工资仍然低于实际生活需要——而认为这种不平等不会对整个社会造成影响是极其天真的想法。一些必要的改变需要由政府政策来引导，迫使雇主改变他们个人主义的非相互依存行为。在保护地球环境方面，这当然是正确的。在英国，我们取得了一些进展，但进展太慢了。可持续发展受到阻碍，因为几乎没有足够的补贴来改变人们的个人主义行为。例如，尺寸适中、行驶里程合理的电动汽车仍超出了大多数工薪家庭的预算。应对气候危机也需要表现出同样的紧迫性，但英国和许多其他国家的政府仍在补贴化石燃料行业。

由于这本书主要是为了帮助个人成长而设计的，让我们回来讨论这一话题。作为个人，我们有时会认为"保护地球"这类任务对我们来说太大了，但重要的是不要让完美成为前进的绊脚石。我们今天就可以做一些事情来表现我们支持相互共生的关系，下周则进一步做一些更有效的事情，明年可以做一些更具变革性的事情。事实上，作为领导者，我们必须改变我们的生活方式，因为其他人会关注我们的选择。随着我们理解的加深，也许有一天公司必须向消费者提供关心人类和地球的证据，那么十年后，我们可能已经从一个以个人主义为主的社会转变为一个真正相互共生的合作型社会。作为个人和领导者，我们可能会像德斯蒙德·图图所说的那样，发现我们自己真正的人格："人类的基本法则是相互依赖，一个人是通过其他人成为一个人的。"

行动指南

让我们成长为相互依存的关系：

花几分钟的时间想象一下那些浅浅的、缠绕在一起的红杉的根。想想你拥有的一些财物和日常活动——还有想象一下这些东西的根源是如何以及和谁交织在一起的。

记录下一些关于你自身个人主义的行为和生活方式是怎样对立于"相互共生"的。在接下来的一年里，你能做些什么来改变自己呢？你能做些什么来改变你的企业或组织？

今天，改变一个购物的决定或行为，使之有益于他人或地球环境。

第三十天　目标明确
Purposeful

◆ 词语定义 ◆

▶ 决心实现一个目标。

◆ 名人名言 ◆

▶ 生活的目的是服从隐藏的命令，确保所有人之间的和谐，创造一个更美好的世界。我们被创造不仅仅是为了享受世界，我们被创造是为了让宇宙进化。

——玛丽亚·蒙台梭利（Maria Montessori）

意大利内科医生和教育家

▶ 一个人要赢得胜利，必须具备一种品质，那就是目标明确，知道自己想要什么，并以强烈的欲望去得到它。

——拿破仑·希尔

美国作家

▶ 人们很容易把大量的活动和有目的的生活混为一谈。做持久的事，让其余的都消失吧。

——鲍勃·戈夫（Bob Goff）

美国律师、演说家

观点论据

我相信我们中的许多人都熟悉西蒙·斯涅克的《从"为什么"开始》，这仍然是有史以来收视率最高的TED演讲之一。斯涅克在那次演讲中主要谈到了公司的目的，公司做什么、制造什么以及他们在世界上取得了什么。许多公司现在都有自己的宗旨以及为什么要这么做，并在他们的网站和公司宣传册上明确表达他们的目的。事实上，公司发出宗旨声明几乎已经成为常态。然而，我发现，很少有人清楚地知道他们个人"为什么"从事这个岗位或他们自己的生活目标。有些人十分无常，从一份工作跳到另一份工作，从一个项目跳到另一个项目，却没有一个合适的理由来解释他们在生活中所做的事情。另一些人则对他们的不同角色有明确的定义，但从来没有明确定义他们的目的。我是一个笨手笨脚的人，有一个模糊的想法，想用某种方式让世界变得更好，但没有真正把它提炼出来，并正确地表达出来。

值得注意的是，地球上近80亿人口中的每一个人都是不同的。不仅是外貌上看起来都不同，而且每个人都有不同的生活经历，这意味着对每个人来说，让他们兴奋、驱使他们和让他们悲伤的事情都是不同的。让我们更深入地考虑一下，作为一个不同于地球上其他78亿人的个体，你的经历意味着你是独一无二的，拥有与地球上其他人不同的激情、技能和目标。这听起来似乎是老生常谈，但当你深入思考后，你会惊奇地发现自己实际上可以实现一些独一无二的事情，一些其他人无法以同样的方式做到的事情。这听起来简单，但当我们从这个层面意识到我们的独特是多么重要性时，它就可以激励我们去发现我们的目标，知晓我们之所以存在是为了实现一些独特的东西。不可思议的是，即使是那些让你痛苦的经历，也是使你成为独一无二的你的过程的一部分。我们经历过的创伤和悲伤真的可以变成好事。事实上，那些经历过巨大困难的人往往会取得伟大的成就。

那么，你清楚你的目标吗？你知道自己为什么会在这个星球上吗？如果没有，或者你只知道部分答案，那么我相信，找到你的目标对于让你拥有充实快乐的生活会很重要。有很多方法可以帮助我们找到我们的目标。第一种方法是想象自己已经走到了生命的尽头的思想实验，甚至可能是在你自己的葬礼上，回顾你的生活和你所取得的成就，你希望别人如何评价你。你希望他们对你的生活做出什么评价？第二种方法是通过引导冥想回到你的童年。回忆6岁、12岁和18岁的自己，问问自己在这些年龄时对什么充满激情，又是什么让你心烦意乱。有时候，关于我们到底是谁的"核心"可能会被那些"成人化"的生活所扰乱，我们在生活中就成了只是走过场的人，忘记专注于我们年轻时的梦想。第三种方法是问你的朋友，而不是你的直系亲属，看看他们认为你生活的目的是什么。问问他们是否觉得你有什么不同，你在哪些方面有所作为。通常，他们会给你一个有价值的答案，这应该会对你有所帮助。最后，问问你自己你擅长什么，热爱什么，最好这两者之间有一些交叉。通常，天赋和技能是目标的重要组成部分。

正如我之前提到的，在我成年后的大部分时间里，我的目标都很模糊，因此，我的生活有点像正弦曲线，在我的目标线上上下徘徊。前文中，我描述了在印度经历过的一次旅行，共有十二个人，其中一半是印度人，一半是非印度人，沿着河岸走了八天，晚上睡在道场的地板上。这是一次非凡的经历，每天都有一个主题。最初的几天是关于抛弃一切阻碍我们前进的东西，然后中间是一段旅行，最后，我们花了几天时间讨论抵达的主题，加上之前发生的内心转变，我们最终明确了我们的目标。有人鼓励我写一份目标陈述，在步行途中和之后的几天里，我对它进行了反复推敲。它在未来有可能进一步拓展，但现在是这样：

> 我敞开作为领导者的心扉，将爱和同情带入职场，这将有助于扭转不公正局面，创造一个更公平、更可持续的世界。通过我的商业活动以及我的演讲和写作，我将激发和激励持久的变化。

我发现每隔一段时间回看这句话很有帮助，可以确保我坚持了自己的目标。更重要的是，它可以让我对那些要求我做与我的目标不一致的事情或活动的人说"不"。大部分时间，我是一个"实干型"的领导者，在疯狂但没有终点的生活中奔波。明确的目标可能会让我事半功倍。这就是美国作家兼演讲者鲍勃·戈夫所说的，"做持久的事情，让其余的都消失吧。"

激情与目标紧密相连。因此，强烈的动机感往往与目标的明确相伴相生。那些有明确目标的人做一切与目标一致的事情。遇到挫折是不可避免的，但一旦我们找到了目标，不仅韧性会更强，我们还会让日常行动变得更加谨慎和有选择性。

行动指南

你有明确的目标吗？

你有目标宣言吗？如果没有，你能从今天开始计划一个吗？如果你不知道从哪儿开始，重读上面的那段——关于发现目标的四种方法，并做一些笔记。

无论你是否知道你的人生目标，问问你周围的人，听听他们认为你的目标是什么。他们的回答一定会很有趣！

这周你是否进行了什么有悖你目标的活动？想想它们可能是什么，然后学会对它们说"不"。这里我说的是除财物和打扫卫生这样的日常任务以外的活动——尽管从中也可以找到目标。

第三十一天　忠贞不渝
Loyal

◆ 词语定义 ◆

▶ 坚定不移，忠于自己的友谊。坚定地支持别人、支持组织。坚定自己的信仰原则。

◆ 名人名言 ◆

▶ 除了爱，有两样东西最值得人珍视：信任和忠诚。

——金克拉（Zig Ziglar）

美国作家、销售天王

▶ 我们聚在这里，不是为了取得成功，而是为了保持忠诚。

——特蕾莎修女

▶ 主忠信，毋友不如己者，过则勿惮改。

——孔子

▶ 缺乏忠诚是导致人生失败的主要原因之一。

——拿破仑·希尔

美国作家

观点论据

如今，人似乎慢慢丧失忠贞不渝的品质特征，在人际关系、供需关系和雇佣关系中仿佛会更倾向于短期主义。现在，人们可以自由流动到更好的岗位上。这有其积极的一面。但在打破旧商业思维的同时，我想提倡一些良好却"老式"的忠诚行为。

我在前面提到，科茨沃尔德·法尔公司有一段时间濒临破产。由于公司的技术设备出现故障，导致部分客户只收到订单中一半的货物，有的客户甚至根本没收到任何东西。客户的投诉电话源源不断地涌进销售部门，公司也因此陷入了非常糟糕的境地。我们公司有一位客户，他是享誉食品零售行业的顾问。在这场惨案发生期间，他召开了一个行业研讨会，探讨我们公司服务质量欠佳的问题。在那个时候，客户们大多在埋怨我们公司，有些人已经终止跟我们进行交涉。但是，这位明智且忠诚客户主导了该研讨会，她告诉其他客户，所有的企业都会经历成长的痛苦，而阵痛期通常就在实现数字化的过程中。她还说，大家应该成为忠实的客户群体，一如既往地支持我们公司，因为我们曾经为客户们提供了良好的服务，在不久的将来也会继续这样做。她是对的。

从短期来看，客户在这时终止与我们合作，寻求别的合作伙伴也许会更容易。但是他们继续跟我们合作，其忠诚会得到回报。因为我们一旦解决了公司的问题，对所有一贯支持我司的客户，会提供更优质的服务，客户们也会享受到比以前更好的服务。事实上，这位举办研讨会的客户后来和我们公司共同进行了对负责对接她的新一任营销人员的面试招聘——有了自行选择客户经理的权利。从客户供应商的角度来说,如果你必须在两者之间做出一个选择,你会为跟自己合作十年的客户付出更多努力,还是转头去维护上个月刚签约的新客户?

我们在内心总会认为,"邻家的草格外绿",但事实并非如此。社交媒体比以往增加了人们不诚信、不忠诚的机会。与中学、大学时代的前任取得联系,重燃爱火,跟目前的伴侣离婚,这种故事已经不足为奇。在上一代人之前,与人构建联系还是非常困难的一件事,而如今很轻松就能联系到别人,这是造成该现象的主要原因之一。人在恋爱时很容易就认为,这段潜在的新恋情会让自己更快乐,又或者抛弃现在的伴侣,和那个突然联系自己的人私奔,自己的两性关系也会更和谐。短期也许没错,一段新的恋爱关系确实会带来快乐。但是,甜蜜往往不会持续太久。而且这个死循环会在缺乏忠诚的人身上不断重演。

我曾在别的地方谈过这个话题,关于如何让自己的内心、情感更多地参与到决策之中。但是,在忠诚度和诚信度层面,个人情感作为决策的背景之一无可厚非。大脑的前额叶皮层会让我们在决策时保持理智,设定一个意图,坚持为之努力,这是一种忠诚的体现。有时,我们似乎会下意识地只看到别人犯的错误,而忽视了他人优秀的品质。训练自己的思维,寻找他人积极的一面,这有助于我们成为更加忠诚的个体和领导者。

其他人在关注我们,这可以帮助我们对感情保持忠诚。除法律上的细节外,已婚人士和未婚人士的状态没有什么区别。在过去以及当今的某些文化中，性结合才是感情关系发生变化的标志。但是如今，如果说婚礼有什么魔法的话，那就是让你在众多见证人面前许下承诺，而他们则可以帮助你，让你对对方保持忠诚。好的朋友或见证人会帮你渡过难关，履行承诺。同样，于领导者而言，在可能引起不忠局面的艰难时刻，拥有能够与之倾诉的人非常重要。

当然，很多人在个人层面或职场上，都不幸卷入了破坏性、带有虐待倾向的人际关系里。有时，面对不良伴侣和雇主，只需要与对方切断联系，转身离开，尽可能少地降低自己和他人的损失。就在昨天，我听某公司的一位员工说，这家公司对待员工的方式非常糟糕，尽管有人已经投诉，但这种情况仍继续存在。我向他们建议，为了自己的身心健康，尽快离开这家公司。在个人关系中，道理当然也一样，请远离虐待性的关系，而要做到这一点，受害者通常需要朋友们的帮助。正如孔子所说，"主忠信，毋友不如己者。过则勿惮改。"

如果你是雇主，那么你更有充分理由对员工们保持忠诚，在员工们犯错时原谅他们，如果有必要的话，甚至要为这些错误负责。"雇佣或解雇"的企业文化永远不能造就一家伟大的公司，但领导者具有的忠贞不渝的品格，是可以影响身边的同事的，并鼓励其培养出同样的品质。于领导者而言，招聘和培训员工是企业经营最昂贵的成本之一。减少员工流失，提高员工的忠诚度、诚信度，需要营造一种文化育人的氛围，在客户或供应商攻击员工时，雇主要以忠诚的姿态保护他们。即使自己的员工犯了错误，我们也可以借鉴足球职业经理人的做法，足球职业经理人绝不会在媒体面前批评自己的球员，而是尽已所能保护他们。任何批评球员们的话，都只在私底下才说。

我在寻找这一章节的有关引言时，发现大多数"忠诚"的论述与狗有关，而大多数"不忠"的论述都与人有关。这是何等的悲哀！在这种情况下，我们值得去学习狗的"忠诚"，对别人表现出同样的忠诚。请记住金克拉这句有力的话："除了爱，有两样东西最值得人珍视：信任和忠诚。"

行动指南

今天，让我们回想自己的忠诚、诚实之举：

我们大多数人偶尔会有过不忠诚、不诚信的行为。与其对此耿耿于怀，不如安静地思考一下，你这样做的原因是什么。

作为员工或领导者，你在工作中对别人的忠诚度如何？你是否擅长看到事物积极的一面？你又是否可以给予别人第二次机会？

为提高公司员工的忠诚度，你能做些什么？你所在公司的企业文化有什么需要改变的地方吗？

第三十二天　联系紧密
Connected

◆ **词语定义** ◆

▶ 结合或者连接在一起。

◆ **名人名言** ◆

▶ 研究水如何在山谷小溪中流动，如何在岩石间自由顺畅地流动。也要向圣书和智者学习。山脉、河流、植物和树木等一切事物，都可以成为你的老师。

——植芝盛平（Morihei Ueshiba）

日本武术家

▶ 看透事物的本质，你能更好地理解世事。

——阿尔伯特·爱因斯坦

▶ 只有通过我们与他人的联结，我们才能真正了解并提升自我。只有通过自我发展，我们才能加强与他人的联结。

——哈丽特·勒纳（Harriet Goldhor Lerner）

美国心理学家

▶与人建立牢固的联系绝非易事。与自己截然不同的人建立联系更难。

——阿布舍克·拉特纳（Abhishek Ratna）

美国作家、成功导师

观点论据

西方文化的问题在于，过分重视个人崇拜，把个人与自然、他人的联系置于次要地位。1987年。玛格丽特·撒切尔（Margaret Thatcher）在接受《妇女世界》（*Woman's Own*）杂志的采访时，说了一句话来总结那个时代的精神："你要知道，世上本无所谓'公'。唯男、女与家耳。官府唯以人方能治人，故人必先自立。"这句话人们经常引用。在21世纪，社会有了一定程度的进步。但是，就与他人的联系、与其他国家的联系以及人与自然的联系而言，我们还有很多东西需要学习。我们的祖先知道什么是联系，而我们也必须明白这意味着什么。

人们常把自然奇观的消失归咎于科学技术的进步，因此，我倾向于这样一个事实：阿尔伯特·爱因斯坦也许是最杰出的科学家，他似乎依旧对自然界保持着一种好奇感，这表明我们能通过深入研究自然，以获得更深层次的认识。西方人通常会认为，从"人类必将统治其他生物"这一意义来说，人类比地球上其他的生物都要高贵。西方国家的大人甚至教导孩子们说，智人主宰着整个生物世界，其他哺乳动物位居智人之后，而其他生物位居哺乳动物之后。要理解人类与其他生物的联系，我们最好想象一下，所有生命体都共存于一个生物圈子里，没有一种生物比其他生物更高贵。人类不是主宰，而是与其他生物合作共生。

许多以农耕为生的人，尤其是生活在农业高度发达国家的人，会以更健康的方式看待这个世界。"直到地球的资源消耗殆尽，人类都可以从中继续获取资源。"与这一观点相反，他们不会把地球视为一种资源，他们了解人类与自然的联系，于是他们与世界上的其他生物通力合作。每年的某个时候，三文鱼会从大海里逆流游到上游河床产卵繁殖，一些南美的印第安人就喜欢在这个时候去捕鱼。但是，他们每年会让三文鱼向上游四天，然后才开始捕鱼，以确保三文鱼在下一个季节能够繁衍生息，维持鱼群数量。印第安人与自然建立起联系，与自然合作共赢，而非无情地开发自然资源。

我之前说到要去农村散步。运动和独处固然很重要，但是，我在大自然中散步的大部分意义在于跟世界及其中的生命建立起联系。对大自然的创造怀有敬畏之心，对其作品的错综复杂和细微之处感到惊叹，这会为我们带来向善的力量。我相信，如果大自然创造之物能开口说话，我们可以从中找到一些难题的答案。有时，我们还可以通过观察和倾听自然，对未来的发展之路有更加清晰的见解。几年前，我开始察觉到一种让我改变方向的召唤，目的是让我把多年来在生活和职场中获得的一些见解传授给其他人。我边散步边思考，对这个潜在的新方向萌生了一些认识，而这些认识是通过观察自然界现象获得的。去年的静修期间，我受到鼓舞，又一次跟大自然进行直接"对话"，但这次不再只是单方面的交流。我们和自己的宠物说话，那为什么不跟其他动物和植物交谈呢？在你看来，我这种行为可能很怪异，也许我应该就此停下别说话了。但与世界建立联系确实会带来一种奇妙的喜悦感！

在这个章节前，我特意选了两句关于联系自然的名人名言，还有两句关于联系他人的名人名言。学会建立联系，指的是学会与自然、与他人建立起联系。当然，在我们摆脱个人崇拜的过程中，这两者发挥同样重要的作用。在我生活、工作的过程中，我很幸运已经学会与各种人建立联系，他们来自不同的国家和文化背景。这些人当中，有住在市中心贫民区、经济困难的失业单亲父母，也有就读牛津大学、接受公学教育的男孩子。有来自非洲部落的农民，也有英国的农场主。我赞同阿布舍克·拉特纳的观点，"与自己截然不同的人建立联系更难"。但是，与跟自己相似的人建立联系相比，我们能通过与自己截然不同的人建立联系而学到更多东西。来自不同背景的人会挑战我们狭隘的思维，消除我们相当有限的哲学观中的盲点。

正如"人类统治自然"这一错误观点，西方人将自己视为处于金字塔顶端的一群人。其实，这样的想法错了。我们可以从以农业为基础的社会中学到如何与他人、与自然建立联系。城市化和工业化让我们与他人、与自然断绝了联系，我们是时候该重新与别人建立联系，学会深入了解他人，去理解别人的想法、感受、喜悦以及痛苦了。我们不仅可以收获知识，而且也会在关爱他人、爱惜自己、了解自我的过程中慢慢成长。我们从哈丽特·勒纳的观点中了解到，这是一个正反馈循环的过程。我们通过与他人建立联系，从而认识自己。在认识自己之后，又能更好地帮助别人。我们想把自己培养成领导者，就要花一部分时间独处以及认识自己，也要花一部分时间去帮助别人，与他人建立联系。那么，你与他人、与自然建立的联系程度如何？

行动指南

今天，我们开始学习与他人、与自然建立深厚的联系：

花几分钟思考一下，作为生活在地球上的人，你是如何定位自己的。在你看来，人类是比自然界的其他事物高贵，还是与自然界有着错综复杂的联系？请在脑海中想象一下所有生物，你的位置处在哪里呢？

去乡下散散步吧，如果你住在城市，就去公园散散步，与大自然的某些部分建立联系。这些事物可能像昆虫一样小，也可能像树木一样大。就像爱因斯坦一样，深入研究自然，尝试去更好地理解一切事物。

试着与自己不常交谈的人建立联系。这个人可能是在街上流浪的人，也可能是在午餐时间给你做三明治的咖啡馆员工。

第三十三天　热爱和平

Peace-loving

◆ 词语定义 ◆

▶ 热爱和平，即爱好和平，努力以带来和平的方式生活和行动。

▶ 和平就是没有战争、暴力，尤其是指人们在没有分歧的情况下，共同生活和工作。

◆ 名人名言 ◆

▶ 如果我们之间并不和平，那是因为我们忘记了我们彼此是一家人。

——特蕾莎修女

▶ 我们期待这一刻的来临：人们对权力的追逐欲被爱的力量取代。那样我们的世界才会获得和平的眷顾。

——威廉·格莱斯顿（William Gladstone）

英国前首相、政治家

▶ 只说我们绝不能发动战争是不够的。我们必须热爱和平，甚至为之牺牲。

——马丁·路德·金

观点论据

说到这，措辞的选择很重要。我并非要讨论如何保持内心的平静（我将在第47天谈到这一点），而是讨论如何成为一个热爱和平的人，成为一个致力于以非暴力、不动怒方式去化解冲突的人。当然，这两种性格特点是相互联系的。内心平静的领导者不大会急于与人发生争执。有情绪问题的企业领导者，更可能对其竞争对手采取霸凌策略。我在此要谈论的问题是，坚持以非暴力方式做事会影响我们的日常生活。

青少年时期的我相当容易动怒，所以，我还在学着如何让自己的内心保持平静。同时，我也会对不公平行为适当地保持愤怒，在政治层面奋不顾身地维护和平。

不过，我们还是要讨论一下，领导者做出热爱和平或非暴力的承诺，这将会带来什么样的影响。我们在此举几个惊人的案例。德斯蒙德·图图是一位在反对南非种族隔离政策中发挥了重要作用的人物，始终致力于以非暴力手段解决问题。在针对黑色人种的暴力行为达到顶峰后，约翰内斯堡发生了一场残酷的黑人大屠杀。随后斯蒙德说，"不要让仇恨蒙蔽了双眼。我们要选择一条和平之路通往自由。"就在德斯蒙德时代之前，圣雄甘地于南非提出了非暴力不合作原则，随后他回到了自己的祖国印度，运用该原则进行斗争，由此在其国内产生了巨大影响。马丁·路德·金也将甘地视为一个榜样人物，因践行非暴力不合作的斗争而闻名于世。

就在我准备写这一章节时，有一则关于美国紧张种族局势的报道登上了昨晚的新闻头条。受压迫的黑人少数族裔采取了各种反击措施，一些黑人与镇压他们的警察进行打斗，另一些黑人则抢劫了商店，但有一群黑人只聚集在城市的某个片区，以单膝跪地的方式默默地抗议。我会对那些没有看到非暴力抗议的力量远大于暴力抗议的力量的人提出质疑，毕竟更强大的力量总能抵抗住更弱的力量。

如果我们是领导者，想为全球的贫困人员伸张正义，而这些人的生活水平在贫困、卫生、教育等方面低于联合国可持续发展目标的水平，那么我们可能必须要去反对一些阻碍平等的人。因此，我们简单回顾一下马丁·路德·金的原则——如何用非暴力手段反对邪恶，学会将其应用到生活的各个方面。

马丁·路德·金尊重对手，满怀热情，因而常赢得对方的友谊和体谅。在日常生活中，我们该如何做到像他一样？我们许多人习惯了用区分胜负的眼光来看待问题，但爱好和平的人则不会用这样的方式。金还说，懂得区分邪恶本身和作恶的人的不同很重要，我们应该抵制邪恶本身，而不是抵制做坏事的人，这是一个至关重要的区别。他提倡道，遭受苦难可以救赎大众、赢得民心，因此，反对暴力者要做好最终会遭受苦难的准备。他极力让大家明白，和平抗议不只是停止外在的暴力行为，不对内在的精神施暴同样重要。换句话说，憎恨自己的对手，无异于开枪射杀他，都是一种罪恶之举。最后，金鼓励人们要对未来充满信心，他相信全世界都会站在正义的一边。我们回顾历史，可以看到许多错误已经得到纠正，因此，我们在思考当下的不平等现象时，需要将金的伟大观点牢记于心。爱好和平并非保持安静、安于现状。

那么，我们如何才能成为热爱和平的坚强领导者，保证不以暴力的言语或行动来表达内心的愤怒呢？首先，我们必须懂得区分不同类型的愤怒。有一种愤怒更多地与人的自尊有关，我们可能会因他人的数落而感到沮丧，因不受领导重视而失去晋升机会，因自己的身份而备受凌辱。我们要学会抛开这种愤怒，在安静的自省中调整好个人情绪，分析一下让自己感到愤怒的原因。如果个人只是在自尊层面受到一点损失，那么我们要让自己保持冷静。久而久之，我们便能学会控制这种愤怒的情绪，无论别人怎么说、怎么做，我们都不会轻易动怒。

我们倘若感受到他人的痛苦，就会产生一种"正义"的愤怒。例如，有人被冤枉而受委屈时，我们想要为他平反错案。在这些情况下，愤怒之感由同情、怜悯他人而起，是一种积极健康的情绪，让大脑得到思考的同时，保持情感的介入是一件好事。毕竟，暴力的言语和行为在此情况下有什么用呢？什么时候侵略和挑衅能够厘清问题，解决问题？相反，这通常只会让事情变得更糟。人的理性要对大脑里更情绪化的部分"传达"这些想法，让我们对正义保持热情，同时反对暴力。爱好和平的人才会获得成功，我们也能直观地了解到，这种领导者才是21世纪所需要的。

行动指南

今天，让我们来发现更多热爱和平的意义：

你生气时，要先弄清楚自己的内心状况，这是非常重要的。你的愤怒是因人的自尊而起，还是因同情他人而起的一种健康的愤怒？花点时间思考一下让你生气的原因，现在就写下自己的想法。

想成为一个爱好和平的人，就是要怀着同情心去看待犯错的人。当你想对别人生气时，尝试用心中的爱去理解他们。

在你的工作中，有对客户、供应商或竞争对手进行语言暴力的现象吗？到了哪种程度？如果需要改变，为什么不从今天开始呢？

第三十四天　温和友善
Gentle

◆ 词语定义 ◆

▶ 性格体贴、善良，和蔼可亲，温柔可人。

◆ 名人名言 ◆

▶ 我选择温和……武力并不能带来最终的胜利。我选择温和的作风。如果我提高音量，只愿是为了赞美。如果我握紧拳头，只愿是为了祈祷。如果我提出要求，只愿是针对自己。

——马克斯·卢卡多（Max Lucado）

美国作家、牧师

▶ 温和有礼，即能够适度地忍受责备和侮慢，而不会急于采取报复，也不会轻易大动肝火，不郁郁寡欢，不争强好胜，从而获得精神上的平静和稳定。

——亚里士多德（Aristotle）

古希腊哲学家、博学家

▶ 对于人们的行为方式，我有很高的道德评判准则。我发现，拥有很多东西会让人心生厌恶。除了"礼貌"一词的古老内涵——内心优雅、精神温良，其余的行为举止都令人很是反感。

——弗兰·勒波维茨（Fran Lebowitz）

美国作家、演说家

▶请记住，对自己和别人都要态度温和。我们都是受成功机遇眷顾的孩子，没人能解释清楚为什么有些田野会开出花来，而另一些田野哪怕在八月的艳阳高照下，也依旧是一片光秃秃的棕褐色。

——肯特·纳本（Kent Nerburn）
美国作家

观点论据

《风与太阳》是《伊索寓言》里最著名的故事之一。有一天，北风和太阳围绕"谁的能量更大"这一问题进行了一场争论。他们决定用一个测试来分出胜负。他们要看一看，谁最终能让某个走在路上的行人脱下外套谁就胜利了。北风一出场就吹个不停，但随着风刮得越来越猛，越来越冷，行人把外套裹得更紧了。风只好放弃，让位给太阳。太阳微笑着从云后走出来，慢慢地把温和的阳光洒向行人，但接着阳光愈加强烈，照耀大地，行人感到非常热，汗水也沿着额头流下来。他很快就走累了，坐在一块石头上休息，脱下了外套。最终，太阳的温和友善胜过了北风的激烈狂暴。

其实世界各地都有类似的故事，讲述温和友善如何获得了权力和强势无法取得的成功。波斯诗人萨迪·设拉兹（Sa'di Shirazi）讲得很贴切："做到甜言蜜语、彬彬有礼、温和友善，你也许就能用一根头发去引导一头大象。"这是一个多么形象的比喻，用一根头发牵引一头大象前进！在人或事没有朝着我认为的正确方向发展时，我很容易就表现得像一个冒失鬼，因此，我逐渐意识到学会温和有礼的必要性。我担心自己表现得更像《伊索寓言》故事里的风，累得气喘吁吁，也没能取得胜利。温和之人往往比强势之人取得更多成就，也更快达成目标。正如诗人陆可铎（Max Lucado）所说，"武力并不能带来最终的胜利。"请让我们坚信，武力绝对无法带来最终的胜利。

如今，"绅士"（gentleman）一词的全称并不常用，而是缩写为"男士"（gents）或"男人"（man）。然而，"绅士"自中世纪开始使用，就带有一种贵族的意味，指的是恪守骑士精神的贵族。后来，该词渐渐地用于形容有良好教养、彬彬有礼、坚守道义，充分尊重他人的情感诉求的人。"君子协定"（gentleman's agreement）一词带有一种体面、尊重和礼貌之感，这是"男人协定"（man's agreement）所不具备的。我在别的地方曾提到，在管理者团队中，我们需要平衡刚性气质和柔性气质，不仅要让团队中的女性与男性至少在人数上相当，而且要允许男性展现其性格中温柔的一面，以平衡他们惯常表现出的过度男性化行为。许多男性应该学会温文尔雅，这样的性格特征有助于增加其人格魅力。

我发现肯特·纳本的名言很有趣，我认为，这句话提及了人性格不温和的一些原因，也就是对自己很苛刻，即所谓的完美主义。西方国家的文化和教育往往激励我们追求完美主义，而这种倾向来源于有条件的自我，但我们需要更能接受自己原本的样子，以"摆脱"条件的限制。如果我们非要用无法实现的标准来判断自己，那么我们的内心常常感到失落，对自己所感知到的失败经历感到失望。这其实已经很糟糕了，但是，我们有时还会将个人感受向外界转移，用完美主义者的标准去要求别人，这让我们丧失了温柔待人的能力。一段良好关系的真正优势在于，在工作和人际关系中，都保持一定程度的温和友善。完全接受他人原本的样子，让温暖的微笑如阳光般照耀别人，鼓励他们振作起来，我们将会在他们身上看到奇迹。人往往是心智脆弱的，比我们想象中更需要温柔对待，即便外表看似坚强的人也不例外。

我们的露台上有一株植物，花朵晚上闭合，只有在温暖的阳光照耀下才会开花。这就是温和友善在家庭和工作中所能发挥的作用。人的创造力因遭遇痛苦或不幸而被扼杀，就会开始自我封闭，这些人若受到温和友善的对待，自然便会向他人敞开心扉。

而且我们不要以为温和友善就是一味地避免对抗，事实也并非如此。其实，温和友善也许就是减少冲突，或者说，我们在选择采用对抗的手段时，更易于有正当理由来发动冲突。

愤怒或沮丧等情绪涌上心头时，让我们试图控制情绪，保持沉默，也是温和友善的一个方面。所谓温柔，就是轻柔的对待他人。我记得，我们第一次把汤姆从猫咪"孤儿院"里带回家时，它真是一只易受惊吓的"胆小鬼"，听到任何突然发出的声音、动静，就会躲到桌子底下。就连我和我的妻子，都必须要去争取抚摸它的权利。即便如此，汤姆也只会让我们以某些特定方式接触它，甚至有时候，它很明显只想要一个人待着。我们都温柔小心地对待汤姆，几个月后，它就转变了。五年后的今天，汤姆是整个郡里最黏人的猫咪之一。如果有更多人能对身边的同胞放下苛刻和粗暴，学会更加温柔地生活和行动，那么我们生活的世界将会变得迥然不同。

行动指南

女士们,先生们,让我们学会温柔地生活:

花几分钟思考一下,你是否会因完美主义苛求自己,你会用这一标准来要求他人吗?

想想某个人,你曾对他有点儿苛刻,现在决定对其温柔以待。你很可能会看到他们以及自己的变化。

今天,如果你发现某些情况下情绪涌上心头,那么请尝试冷静一下,然后用比以前更温和的方式去调整自己的状态。

第三十五天　求知若渴
Curious

◆ 词语定义 ◆

▶ 热爱研究,渴望学习。

◆ 名人名言 ◆

▶ 我既不聪明亦无天赋,我只是求知欲强罢了。

——阿尔伯特·爱因斯坦

▶ 我想,孩子出生时,如果母亲可以请求仙女教母赐予他一件最有用的礼物,那么这件礼物应该是求知心。

——埃莉诺·罗斯福

美国政治活动家

▶ 我的求知欲非常强烈。这是我保持创作的动力,可能也是我看待事物有点异于常人的原因。的确,我的观点通常会跟大多数人不一样。

——大卫·鲍伊(David Bowie)

英国创作型歌手

▶ 少关心别人的逸闻私事,多留意别人的思路观点。

——玛丽·居里(Marie Curie)

波兰物理学家及化学家

观点论据

有一个有趣的故事,主人公是一位名叫理查德·特雷尔(Richard Turere)的肯尼亚少年。他是马赛族人,生活在内罗毕国家公园附近,常见到斑马从公园里逃出来,狮子在后面追捕斑马,但随后也扑杀了马赛人的牛群。因此,马赛人一有机会就想捕杀狮子,但他们明白,对于他们可以从中受益的旅游业而言,这么做没有益处。理查德和许多肯尼亚的小男孩一样,肩负着照料牛群的责任。他尝试用不同的办法,来保护牛群免受狮子伤害。理查德想到的第一个办法是生火,却发现这反而让狮子注意到牛棚里的牛群。后来,他做了一个稻草人,让它"工作"了一天,谁知狮子第二天便意识到,稻草人根本不会动,不是真正的人类。

有一天,理查德拿着手电筒四处走动时,发现狮子在这时不会靠近自己,原来它们不喜欢移动的光。他是个满怀好奇心的孩子,曾把妈妈的收音机拆得七零八落,又重新组装起来。凭借所学到的电子知识,他发明了一个有电线、变压器和灯的精巧装置。这个装置会发光,看起来就像有人拿着手电筒在牛棚附近走动。这让狮子远离牛群,不会被捕杀,家里的牛也安然无恙。理查德记得,自己还是个小男孩的时候,他时常仰望天空,看着飞机从头顶飞过。当时,他就向自己保证,总有一天,自己也可以飞上蓝天。我在视频平台上看到,理查德在美国做了一场TED演讲,我相信,他应该也已经实现了这个目标。

好奇心往往会激发创造力,孩子们有一种奇妙的好奇心,随着年龄的增长，我们经常会丧失这种好奇心，创造力也随之消失。我记得，我的大儿子乔希小时候说过最多的话就是"为什么"，我几乎都想让他改名叫"为什么"了。要回答他的问题也许很费劲，但他的提问只是想满足自己的好奇心。现在，乔希是一名优秀的计算机程序员，每天都带着好奇心投入到工作中。我们其他人也要重拾童年时期的那种好奇心，这非常重要。儿童往往会比成年人获得更多的知识，因此，要学会像孩子一样保持好奇心，艾拉厨房的创始人保罗·林德利称之为"向下成长"。孩子是无条件自我的缩影，但是，随着年龄的增长，我们经历了失败，有时还会遭到别人的嘲笑，就会失去好奇心和其他孩子般的特质，我们要重拾这些品质，才能有好的发展。

我在比前文中的理查德·特雷尔大一点的岁数时，好奇心和他一样强，但创造力就不如他。有一次，老师来上化学课之前，我在化学实验室里点燃了煤气，想看看火焰究竟能烧多大。当时，大火至少烧了三米，有个男生站在另一端工作台，领带几乎都被烧焦了。前几天，我在一个播客采访中谈到这个故事时，意外地发现，主持人在学校也曾做过同样的事。我们俩现在看来都比较成功，有好奇心也许是获得成功的因素之一吧？如果要人说出一个天才的名字，许多人会提到阿尔伯特·爱因斯坦，但爱因斯坦似乎不这样评价自己，就他只是觉得自己是个求知欲旺盛的人而已。我们从大卫·鲍伊的名言中了解到，他很欣赏自己好奇心，这让他对生活持有不一样的看法。那么我们能说，没有好奇心，就没有创造力吗？问问诗人、哲学家、艺术家、工程师、探险家和作家，大多数人都会认为，保持好奇心是个人成功的部分因素。

我们在第32天那章中讨论了联系紧密，但就人与自然的联系而言，正是好奇心将这两者以惊人的方式联系起来。根据科学家的说法，自然界中有很多出乎意料的构造和现象，即使在如今的21世纪，人类对整个自然界的了解还不到10%。这应该足以让人类长时间对大自然保持好奇。

我们意识到了好奇心的重要性，那么如何在工作和领导过程中保持这种好奇？首先要知道，正是因为有不知道的东西，我们才能成为优秀的领导者。无所不知，对他人的观点缺乏好奇，失去想要了解更多知识的欲望，这样的人其实最为糟糕。随着年纪越来越大，我越发意识到，有很多东西是自己不知道的，尤其是对其他人的了解就更少了。我也越发意识到，自己可以向公司里那些与我孩子年龄相仿的人学习。好奇心及好学的天性是获得智慧的开始。我们意识到自己知之甚少，保持好奇心，开始学习更多知识，这是培养良好领导力的开始。

其次，正如我们所知，好奇心是创造力的基石。许多伟大的商业创意都来源于这样的疑问，例如"我们以这种方式尝试会怎样？"或"我们在这儿做一些不同的事情会怎样？"在企业和组织中鼓励员工保持好奇心，这会让公司的每个人把创造力置于工作首位。更多的想法会因此涌现出来，而你永远不会知道，其中某个想法会不会彻底改变游戏规则。

最后，好奇心让我们成为思想开放的人，对新思想持开放态度，即使别人跟自己很不一样，我们也要心胸开阔，包容他人。好奇心让我们摆脱恐惧，去爱一些自己曾认为不讨喜的人。在适应瞬息万变的世界时，我们作为领导者，要对他人持开放态度，这非常重要。我们不能让我们的想法基于一些十年前——甚至是去年才行得通的观点上。对新想法保持好奇，是你走向成功的重要因素。好奇心也许会害死猫，但它给人类带来了新生，拓展了生命的宽度。

行动指南

今天，让我们学会更加好奇：

现在花几分钟想一下，你在生活中如何能更有好奇心？在哪些方面能发挥好奇心？换一本阅读的书，换一个倾听对象，以其他方式做一些不寻常的事，通过这些能让你变得更加有好奇心吗？

想想自然界的事物，如果可以的话，去散一会儿步，收集一个来自大自然的物件，培养好奇心。思考这个东西是由什么构成的？是如何工作的？为什么会这样？

在今天的会议或谈话中，有意识地保持好奇心，多问几个"为什么"。作为领导者，试着在不同领域去尝试一些其他人常用的处理方法。

第三十六天　悔过自新
Contrite

◆ 词语定义 ◆

▶ 因罪孽或过错而感到悲痛、后悔。

◆ 名人名言 ◆

▶ 领导者之所以出类拔萃，是因为他们能够知错能改。我经常犯错，但我会大方认错，表示歉意，然后继续前进。忏悔的力量是强大的。

——达娜·瓦尔登（Dana Walden）

美国商界女性

▶ 眼泪是神圣的。流泪不是懦弱的标志，而是力量的象征。眼泪比语言更有说服力。它传递了巨大的悲痛，深刻的悔恨和无以言表的爱。

——华盛顿·欧文（Washington Irving）

美国短篇小说家

▶ 道歉并不能解决问题，重要的是你在道歉后做了什么。

——德雷克（Drake）

加拿大说唱歌手

观点论据

用该品质来描述一个好的领导者，似乎略显过时，可能还会很奇怪。其实，我原本想用"忏悔"（repentant）一词，但对某些人来说，该词恐怕并不合适。我在此所说的"悔过自新"，是指领导者把事情搞砸后，能够对别人说声"对不起"。职场中往往会认为道歉或者悔过是一种软弱的表现。这可能源于过度男性化、注重竞争的领导风格，这种领导风格占据主导地位，便会让人产生诸如此类的想法："不要主动向敌人自爆短板，他们可能会突袭你、摧毁你。"事实恰恰相反，没有悔过之心是领导力不足的表现，我们必须学会悔过，就像敏感脆弱一样，这也是一种领导力的标志，而不是软弱的表现。毕竟，人们希望自己的领导者是值得信赖的、有人情味的，而不是十全十美的。

比起难以说声"对不起"的人，犯错后道歉、言出必行的人是更好的领导者。我记得，有一位公众人物明明犯了多次错误，在记者的追问下，他却拒绝向大众道歉。反之，他们可能会为个人行为找借口，甚至可能在致歉的言辞中潜藏找借口的暗示，然后补充说道"但是……"在这些情况下，我便会对着电视大喊道："说声'对不起'就行了！"在我看来，说声对不起比为自己的行为找借口要好得多，也会获得更好的公众反响，也是最可取的行动方案。但是，人由于难以放下骄傲和自尊，所以往往无法悔过自新。

显然，只说"对不起"是远远不够的。我们在道歉之前，必须清楚自己错在哪里。如果我们还不了解对悔过的事所要承担的责任,就不该跟对方说"抱歉"。即使我们知道双方都有过错,我们也应该为自己的过错毫无保留地道歉,而不要在致歉结束时附上任何理由或借口。给道歉找理由或借口,只会让对方觉得我们不是在真心地致歉,所以请不要这样做!向被伤害的对方毫无保留地道歉,才能让别人开始原谅我们的过错。道歉往往无法让别人立即就原谅我们,原谅的过程也得需要一段时间,这取决于我们给对方造成伤害的深度和程度,但真心的悔过至少会让别人开始原谅我们。

然而,悔过不仅在于言辞,更多的是关乎我们在道歉之后的行动。正如说唱歌手德雷克所说的那样,"道歉并不能解决问题,重要的是你在道歉后做了什么。"我们都听过欺凌者或施虐者的故事,他们虽然口头上不断地说"对不起",但是行动上却继续虐待他人。这些人的悔过也许看上去很真诚,但是,除非他们道歉后便彻底改变行为,否则,这样的道歉显然毫无意义。

举个例子,2018 年,在"MeToo 运动"(美国反性骚扰运动)的鼓励下,有家企业的女员工纷纷给公司的首席执行官写电子邮件,提出抗议。后来,针对董事会成员中没有女性代表以及组织内部所存在的厌女症现象,首席执行官向公司的女性员工道歉。在员工大会上,他给公司的每个人都道了歉,但几个月之后,公司几乎没有什么改变,其实,这位首席执行官在道歉之后就需要采取行动来改变现状。否则,他最好不要一开始就说"对不起",因为单纯的道歉是毫无意义的。那些失去权力的女员工,最初还对公司的首席执行官抱有些许希望。经过这次,她们彻底失望,如果这些女员工2018年就跳槽到一家更为开明的企业,她们的工作环境本可以比目前更好。

我坚信，悔悟之心也体现了一个领导者的力量，纵观历史，领导者的悔过行为会影响身边的人，从而又对其他人产生影响。

我清楚地记得，有一次，我在给一个肯尼亚的团体做演讲时，说了一些偏题的东西。我描述了自己作为代表团成员到别国旅行的经历，并为大英帝国曾经的错误行径而道歉。我讲道，作为英国人，对于祖先们以前的所作所为，我们应该意识到自己对其负有一定程度的责任，以及我们曾经如何代表他们给他国的人民致歉。我讲述这些事情的时候，坐在会议室听演讲的人都泪流满面。我当时便停了下来，问口译员发生了什么事。他告诉我，就在离我们只有几百米的地方，英国士兵曾屠杀过无辜的肯尼亚人。当然，我随即改变了演讲的内容，接下来的讲述成了我忏悔的过程，希望得到惨遭杀害的肯尼亚人后代的原谅。这个故事非常震撼，让演讲人和听众双方都泪流满面。

有人可能会问，无论是个人道歉还是大规模道歉，是否有必要流泪。我想，如果你能用眼泪来表达悲伤，这肯定会让道歉增加分量。但是，如果你不容易流泪，仍然可以真心实意地道歉。然而，忏悔的程度越深，人往往会有更多的情绪。于个人而言，哭泣可以是一种巨大的释放，但怀着谦虚的态度，跟人由衷地说声"对不起"，并在道歉之后有所行动，这比任何用眼泪表达歉意的行为更加重要。

2019年5月，我们公司举办了一次环境会议。这是颇为重要的一天，我们在会上讨论了这一问题：作为饮食企业，我们如何以更可持续的手段运营公司，从而为世界带来更多变化。许多人还做出了承诺，承诺自己将在个人和公司层面做出改变。会议最后，我谈到，在应对气候变化的过程中，我们西方国家是如何敷衍塞责的，这令许多穷困国家的人民不幸死亡。演讲结束时，超过一半的参会代表都哭了，我也哭了。我们的承诺中含有情感和忏悔，从而形成一种强有力的结合。事实上，一年多后，我们仍然会收到一些人的电子邮件，说正是从那天起，他们开始对环境问题采取不同的态度。对我来说，这才是真正的忏悔——一种带有情感的真正悔悟，然后果断地采取行动去改变现状。

行动指南

今天，让我们学会忏悔：

你认为，说声"对不起"并付诸实践是容易做到的事吗？在哪些情况下更容易，在哪些情况下更困难呢？请记下你的想法。

你身为领导者，别人是否觉得你是一个懂得忏悔的人？你是否会给人一种自己是绝对权威，无法被质疑的感觉？花时间想一想，别人是如何看待自己的。

要敏锐地关注自己当下的任何情况，留意你最近在工作或生活中可能给别人带来伤害的事，以实际行动去改变现状，表达自己的悔悟之情。

第三十七天　保护弱者
Protective

◆ 词语定义 ◆

▶ 因为自己非常喜欢一些人，所以想保护他们免遭批评、伤害、危险等。

◆ 名人名言 ◆

▶ 只有在不过分干预他人生活的时候，保护和安全才有价值。

——卡尔·荣格

瑞士精神分析专家

▶ 想一下，若你的女儿在那，会发生什么事。你会怎么行动，又会如何抗争？所以，大家必须要携手合作，把每个孩子都当成是自己的女儿。你很快就会感受到她们的痛苦，接着便能感受到一种力量，而这种力量来自你想保护她们。

——阿努拉达·柯伊拉腊（Anuradha Koirala）

尼泊尔社会活动家

▶ 不论人类还是其他生物，每个生命体都享有同等的保护权。

——圣方济各·亚西西（St Francis of Assisi）

意大利修道士

观点论据

如果我们对职场中人进行调查，询问他们是否感受到领导的保护，那么许多公司员工的回答可能会令人失望。但是，领导者最重要的工作之一无疑就是为员工提供一个避风港，人们可以在这个安全的地方高效率地工作，不会因恐惧而耽误正常的工作。我写下这篇文章之时，英国已在经历新冠疫情。当前，英国政府正通过"带薪休假计划"来保护人们免于恐惧，在这种不稳定的社会情况下，政府给予雇主财政补贴，确保员工们能领到工资。员工们看似不工作待在家，但实际上，他们的工资都由政府支付。前几天，我跟一个休假的人聊天得知，她的老板向政府索要这笔钱，却强迫她在家正常工作。这种行为不仅不道德，而且违法，但是该员工并不打算向英国税务及海关总署（HMRC）告发老板，她害怕老板发现，从而丢掉工作。其实几个月前，一封电子邮件就曝光了该公司，董事长涉及性别歧视，却没有因这样的行为而被拉下马。果然，该公司由始至终都没有保护其女性员工。我非常愿意介入这样的企业，让员工离开这些糟糕的领导者，创造一种崭新的、更具保护性的文化！

于我们而言，传统等级制的、自上而下的领导力根本无济于事。我之前就谈到，我不会在组织内部使用传统的组织结构图，把领导者放在顶端，相反，我更倾向将员工放在上面，把支持员工的领导者放在下面。领导者过于看重地位，则会疏于保护员工，会更多地考虑自己的地位，而非他人的安全。领导者应该保护员工，但是他们往往由于自身缺乏安全感，便造就了一种恐惧和欺凌的文化，从而营造了一种十分有害的工作氛围。如今有那么多很棒的工作场所，所以我们往往很难想象如今还有这样有害的工作场所文化。但是，我最近在网上看到了一则在2020年对我上一本书《向善的力量》里的一篇文章发表的一篇评论，内容如下：

> 过去两年，我都是在僵尸公司度过的。这是一家极其反常的公司，到处都是"伟大"的人，但其中不少都是危险的偏执狂精神病患者。员工们在这个地方纯属浪费时间，他们还很天真，不知道在那扇玻璃门后面都发生了什么。我眼看着这家公司在那里浪费金钱，却从不会在人身上投资（员工没有培训机制和晋升的机会）。员工在公司里遭受欺凌和骚扰，丝毫不受重视，无法公开表达自己的想法，无法说出自己对于公司错误行为和理念的看法。我很庆幸现在不在这家公司工作了。

在如今21世纪，居然还有这种公司，我非常惊讶。但是，在得知该评论人出于个人的心理健康而离开公司时，我并不意外。有些领导者本应保护他人，却没有做到，远离这样的人是正确的。

一些领导者只会为自己谋利益，根本称不上是善良的人。这些领导者沿着职业阶梯向上攀爬，在不懈追求权力、通往权力顶端的过程中，他们甚至会不择手段，与他人同流合污，始终将自己的地位和个人利益作为首要目的。这些领导者长期条件反射般地从自私的角度思考，有可能是因为在童年时期经历过一些创伤。还有一些领导者，怀着真诚的动机，想要做一些好事，但是，他们却与自己的公司保持一定距离，这会为该公司的员工营造一种缺乏保护的氛围。我可以很不好意思地说，由于我本人缺乏正确认知，我的公司在之前也发生过这样的情况。公司发展的速度很快，因此，我把权力过度下放给其他管理者。于是，他们几个人建立了自己的权力领地，因管理不善而用恐惧控制着下属的员工。当我发现了这种现象，就终止了这些行为，并对在我的企业中受过糟糕管理、没能被保护的员工道歉。老实说，我很难理解为什么有人会这样做。当然，该做法也为管理者个人和其手下的人创造了一种没有冲突的幸福的生活，但这恰恰展示了某些人渴望权力的原因，他们无法看到自身之外的东西。这很危险，也很常见。古语有云："权力导致腐败，绝对的权力导致绝对腐败。"

那么，我们作为领导者，如何成为真正的保护者呢？首先，请对员工们明说，你会保护他们。请向员工们表明，你在任何情况下都会站在他们身边。如果员工没有安全感，就请他们来和你谈一谈。其次，和你的员工们聊一聊，问问他们在工作中是否感到舒适、快乐。为了让他们的工作环境变得更快乐、更美好，你能做些什么事。虽然我不是员工们的直属上级，但我身为首席执行官，也会偶尔跟每位员工聊聊天。如果恰好有个合适的管理者，他们会保护自己的员工，也不会认为这是对自己的一种威胁，不会认为你在削弱他们的权威。如果你身边的管理者会因此觉得自己受到了威胁，那是因为他们没有在组织内创造出一种正确的文化。我记得有一次跟"鲍勃的红磨坊"（Bob's Red Mill）的缔造者和首席执行官鲍勃·摩尔（Bob Moore）吃饭时聊天。他告诉我，他每天都要在工厂车间走动，跟200多名员工谈话。他不仅叫得出员工的名字，还记得他们的孩子和宠物的叫什么。最后，如果发生了什么事情破坏了这种安全感，你必须毫不迟疑地立刻介入其中、解决事端。我公司的一位员工有一天问我，她是否应该打电话直截了当地告诉客户，他无法接受对方那些针对她们团队的言行，如果他们一意孤行，就不再合作了。她很担忧，因为客户在电话里毫无必要地不停辱骂她的一位新团队成员。我当然答应了她的请求，因为新员工必须感受到公司在保护他们，并且我希望客户好自为之。客户也不总是正确的。

当然，有种东西叫过度保护，我们都知道有父母过度保护孩子，他们不允许孩子展翅飞翔，独立生活。因此，这些孩子成年后可能会出现一些问题。这个道理同样适用于管理者身上。如果我们过度保护自己的员工，那么他们就不会成长和成熟，不会自己做决定。人需要犯错才能学到东西，在职场中，良好的保护性领导力的关键在于将员工推出巢穴，让他们自由飞翔，但同时要建立一个良好的安全网，保护他们，以防他们跌倒。我还记得老鹰如何教小鹰飞翔的故事。老鹰会把小鹰从悬崖峭壁上的巢穴推出去，和小鹰一起飞出来。小鹰失去信心，开始向地面坠落时，老鹰便俯冲到小鹰下方，让小鹰落到自己的背上。然后，老鹰把小鹰带回巢里，重新开始，直到小鹰学会飞翔。老鹰的形象是多么伟大，这充分说明了成为一名保护型领导者的意义!

> **行动指南**
>
> 作为领导者,请你想想会如何更好地保护团队中的人:
>
> 当然,你自己可能意识不到自己受到的保护,这也会让这过程变得艰难。先花时间想一下,你在童年或当前体会到的受保护程度。把想法记下来。
>
> 你作为领导者,如果你从未告诉过员工们,你会保护他们,为他们在身心方面都创造一个安全的工作环境,那么请在今天或下一次的团队会议上这样做。
>
> 本周,花时间与员工们聊聊天,了解一下他们在工作中的幸福感程度。问问员工们工作时的快乐程度,以及工作中可以改进的地方。

第三十八天　相信直觉
Intuitive

◆ 词语定义 ◆

▶ 一种获取知识的能力，基于感觉而不是现实来理解、认识事物。

◆ 名人名言 ◆

▶ 直觉是人类庄严的天赋，理性只是人类忠实的工具。我们却造就了一个歌颂工具、而遗忘天赋的社会。

——阿尔伯特·爱因斯坦

▶ 我认为，女性有一种与生俱来的能力，她们可以对真正爱的人保持直觉，但她们必须相信自己内心的声音。而我知道，内心的感觉其实一直都在。我认为，女人比男人更具有直觉思维。

——安迪·麦克道尔（Andie MacDowell）
美国女演员

▶ 倾听风声，它在说话。听这寂静，它在说话。听从内心的声音，它会知道。

——美国民间谚语

▶ 要有勇气追随心声，听从直觉。因为它们在某种程度上知道你想成为的样子。其他事情都是次要的。

——史蒂夫·乔布斯
美国企业家

观点论据

我生长在七八十年代,人们总是教导我,要相信自己的头脑,而非相信内心或直觉,前者是以理性思维为中心,后面两者通常会受到直觉思维的支配。然而,我总是不服从年轻时的教导,常凭直觉做出决定。实际上,我相信自己的理性思维而不是直觉思维时,就会做出错误的决定。我记得,我们公司推出了一个名为"极乐厨房"(Heaven's Kitchen)的品牌,也一直在跟一家第三方制造商合作开展该项目,但是,我对这家制造商却始终抱有一种挥之不去的消极情绪。然而,我们依然坚持合作了,因为他们在理论上是最佳的合作伙伴,一开始双方合作的进展也如人所愿。三种系列产品制造出来了,我去了工厂观察第一次生产进程,尽管表面上看起来很成功,但我对该项目仍有点前景渺茫的直觉。产品发布之后的两周内,制造商却宣告该项目破产,我们的项目失败了,这不仅增加了厂房的抵押贷款,而且失去了可以展示产品的地方。如果我当初相信自己的直觉思维而非理性思维,或除了理性思维之外的东西,那么我们公司可能会迎来更好的结果。

不管意识到与否,我们都不是单纯依靠理性思维做事的,每个人或多或少都会运用直觉思维。西方国家在教育中会过分强调,运用大脑思考和工作的重要性。在这种教育背景之下,虽然西方所有的男性和女性的直觉思维可能会整体减弱,但女性仍可能比男性更多地去运用直觉思维。稍后,我们将会讨论如何训练自己,从而变得更有直觉思维。最近,哈佛医学院一些有趣的研究表明,人的肠道和大脑处于不断的交流之中，事实上，人们通常把调节肠道的肠神经系统称为身体的第二大脑。布雷登·郭（Braden Kuo）的论文指出，"虽然肠神经系统不能帮助我们作诗或解方程式，但这个广泛的网络（肠神经系统）运用与大脑相同的化学物质和细胞帮助我们消化，并在问题出现时，向大脑发出警报。因此肠道和大脑处于不断的交流之中"。古代东方的医生不需要哈佛医学院的研究来告诉他们这些知识，几千年来，他们的医疗实践和冥想训练一直在帮助人们了解自己肠道的情况。

在谈论直觉思维时，有些人不会用"直觉"的说法，而是换了个说法，说自己是受内心所引导。然而，他们通常会想到大脑的边缘系统，该区域会产生许多神经化学物质，情绪则是这些化学物质之一。这种表述不代表我认为直觉思考的过程中有心脏的介入，但值得注意的是，它会以一种与心脏有关的情商形式表现出来。正如肠道和大脑会不断地交流一样，心脏和大脑也处于不断的交流之中，人的情绪会受到心脏的影响，反之亦然。甚至有一些证据表明，心脏移植患者的情商和味觉在手术过后会发生改变。2013年，《医药日报》报道称，人在接受了心脏移植手术后，味觉和偏好会发生变化，而这些变化与心脏的捐赠来源有关。这项研究很特别，虽然研究样本比较小，只有10名患者，但研究结果表明，心脏捐献者和移植接受者两者在食物、音乐、艺术、娱乐和职业偏好方面存在相似之处。还有另外一个特别的例子，心脏的主人因遭到面部枪击而身亡，一名患者接受了该心脏的移植手术后，称自己会梦到脸上有热光闪过。

对西方思维来说，这完全是令人讶异的研究成果，关于肠道和心脏，我们很显然还有很多研究要做。有人会说，这些也只是右脑活动的一部分罢了，但我们也许该向历史取经，听一听古老的做法。现在，请让有思考力的大脑停止那种智力层面的思考，看一看我们如何通过倾听大脑来唤醒直觉思维。

从某些方面而言，我在这本书中谈到的许多个人特质都有助于直觉思维的养成，而我在本书中所谈到的许多做法，例如学会独处和保持沉默，也有助于培养直觉思维。人们为噪声所环绕，有时是物理噪声，但更常见的是精神噪声，因此，许多人不习惯去倾听自己的直觉。我们若老想着过去的几小时或将来的几小时、几天，就难以察觉到自己的直觉。让自己安静下来，散散步，或只是坐着，什么事也不做，这是非常重要的。冥想是一种平息内心噪声的方法，我建议，每天至少花10到15分钟进行冥想。于我而言，早晨是一天的开始，是进行冥想的最佳时间，但是，你也许能在中午抽时间来练习"正念"（一种系统的心理疗法，即正念疗法），对你来说，这可以算是一天里一个恢复活力的休息时间。

深呼吸，让空气进入肠道，认识自己的生理体，这有助于培养直觉思维，就像我们将思维活动从头部转移到胃部或心脏。还有另外一个技巧，就是倾听自己的情绪。由于有些事是人在理性思考时认为自己应该去做的，我们便强迫自己去做，但我们的直觉或内心却有不同的想法。所以，我们有时才会感到无精打采、精疲力尽。白天或者晚上的梦境可能是我们的直觉思维在和自己交流的表现。每一天，你都要注意自己经历的事件甚至遇到自然生物，这些都会向你传达信息。我们要感受这一切，就要去用心倾听自己周围的世界，而非仅去相信我们所听到的言语。在科茨沃尔德·法尔公司，开会前我们的惯例是先保持沉默，然后深呼吸，有时甚至会做一些身体伸展运动。因此，我们的思路以及会议本身也将变得更好、更直观、更高效。

对某些人来说，这些听起来也许有点牵强，毕竟我也不懂得直觉思维的运作原理。但颇为有趣的是，我读了一百多句关于直觉思维的名人名言，为本章节选择了四句话，其中包括爱因斯坦等科学家的见解。实际上，在爱因斯坦的言论中，我发现他对直觉思维的见解不止五个。我们常认为科学家是最常运用理性大脑的人，但科学家似乎才是让我们培养直觉思维的最有力倡导者之一。让我们通过回顾现代天才史蒂夫·乔布斯的名言来结束本章节："要有勇气追随心声，听从直觉。因为它们在某种程度上知道你想成为的样子。其他事情都是次要的。"

行动指南

当下，我们要变得更有直觉思维一些：

首先，反思一下你的直觉思维如何。你是否要运用理性来解决所有问题，还是乐于追随自己的内心和直觉？请记下你所能想到的东西。

让我们开始感受自己内心和直觉。双手放在肚子上，深呼吸，让空气进入身体。过一会儿，把手放在心脏的位置，重复上述的动作。了解人体的不同部位，感受人是如何受大脑皮层以外的其他部分引导的。

在开会时，甚至独自工作时，但凡你要思考问题，停下来分别倾听一下自己的身体和大脑。

第三十九天　不偏不倚

Non-judgmental

◆ 词语定义 ◆

▶ 涉及一种开放的态度、方法，无论如何都不会对事物做出有偏颇的判断。

◆ 名人名言 ◆

▶ 幸福的秘诀是爱，而爱的秘诀是不偏不倚的关怀。

——德巴什·姆里达（Debasish Mridha）

美国物理学家、哲学家

▶ 人在知道真相之前，很容易会对他人妄加判断。

——凯特·温斯莱特（Kate Winslet）

英国女演员

▶ 简而言之，"正念"就是有意识地关注当下，而对当下不做任何判断。

——乔·卡巴金（Jon Kabat-Zinn）

美国马萨诸塞州医学院名誉教授

观点论据

在提升本书提到的许多人格特征水平这件事上，妄下判断可能会成为实现该目标的最大障碍之一。喜欢对人品头论足，同时又要谦逊有礼、仁爱待人，甚至保持愉悦，这很难。然而，对许多人来说，我们内心深处几乎都有一种主观判断的可怕倾向。我由始至终都在讨论有条件自我和无条件自我。人的主观判断很大程度上来自有条件自我。父母、教育、文化背景、成长经历，甚至关于某类人的糟糕经历都会潜移默化地影响着我们，从而形成自己的主观判断。这意味着在真正了解别人之前，我们就会对他们进行评判，形成一种既定的印象。因此评判主义是一种恶性疾病，很少人能完全摆脱其症状。

尽管我们认为自己正在进步，但也应意识到还有很长的路要走。不久前，我在一次社交活动中遇到一个人，他曾在一所非常有名的公立学校就读，许多名人似乎都曾就读于这所学校。我在牛津大学时，认识了几个来自这所学校的人。由于我和他们的几次互动不大愉快，他们表现得很糟糕，所以，我在内心把他们全都归为了粗鲁无礼、令人反感的人。在那以后，我又遇到了几个来自这所学校的人，但令我羞愧的是，我总是对他们先入为主，抱有偏见。发生在2019年的例子也不例外。我在吃饭时与这个人进行了一番粗略的交谈，并在分开时交换了名片。几天后，我收到了一封电子邮件。很显然，他在网上搜索了我的信息，而且还读了我写的处女作《向善的力量》，书中的话题更是引起了他的共鸣。后来，我们再次见面，就这一点建立了深刻的联系：为了把社会利益、地球环境置于企业利润之上，公司需要彻底改变其工作方法的重要性。

就在几天前，我突然意识到，自己因个人偏见而错过了许多跟人交流的机会,因此我也许错失了很多机会,这令我很是懊恼。我们一旦了解别人,对别人的误解往往就会消失。上面的例子就是如此,这个例子表明,不了解别人,就去评判别人,是非常错误的。实际上,你在说"有些人看起来似乎对自己不太友好"的时候,也许你就不会花时间去了解他们了,只会假设所有人都让你想起某个人,并对他们都有着相同的刻板印象。大部分的评判主义是一种用于保护自我的防御机制,这正是一种有条件的行为:自尊保护行为。我们这样做的原因有很多,我们也许想让自己感觉到优于他人,从而制造一种虚假的价值感。通过指出别人的错误,我们可能会避免自己犯错。又或者,我们也许在保护自己免受他人伤害。

我们如何变得不会轻易对别人妄下判断呢?第一,这在很大程度上与较低的自尊感有关,自我接纳是一个良好的开端,这也可以帮助我们去接纳别人。我们不是十全十美的人,也永远无法成为十全十美的人,所以学会接受自己,接纳自己的任何缺点,这会有助于我们不轻易对别人品头论足。第二,评判主义往往是一种第一反应,因此,我们如果学会遏制第一反应,就可能更多地去了解对方。例如,我们也许会了解到,对方曾因他人的行为而遭到严重伤害,所以,他们才会表现得不太友好。学会阻断本能反应,我们才能看到别人身上更深层次的东西,开始仁爱待人而不是妄下判断。第三,在不进行过多评判的情况下,学会批判自我的评判主义。告诉自己,你无法完全了解别人背后的故事,你若要经历类似的情况,说不定比他们更糟糕!

学会活在当下,也会有利于我们摆脱评判主义。这就是"正念"的本质，即时时刻刻都能保持不偏不倚。我们通过保持"正念"，可以学会跳出自我，让自己摆脱固有的判断，从远处去观察这些判断。无论如何，我们都不必对周围的一切抱有成见。因此，做到仁爱待人，与人产生共鸣，待人善良友好，处世慈悲为怀，这是放下成见的必经之路。

我们如果对别人妄下判断，就难以与人建立良好关系或成为优秀的领导者。因为对方不想我们对其加以评判，所以他们便不会展露真实的自我，我们最终只能看到别人有所掩饰之后的样子。正因如此，妄下判断之人往往不会得知真相，他人也不愿意质疑其看法，这会让他们认为自己是完全正确的，最终结果会变得更加糟糕。我们最好避免这个恶性循环，两个只在乎自己自尊的人的互动会成为一场灾难，所以，请学会成为更好的人，仁爱待人，慈悲为怀，放下成见。这种爱会让对方摆脱固有的判断，让彼此展露真实的自我。我并不是说，这很容易就能做到，事实远非如此。但是，这会给人际关系带来治愈和交流，这是我们作为人类在内心深处最渴望的。

妄下判断和做出判断是有区别的。有时，依据道德准则来判断和指出别人的明显错误行为是正确的。这种判断的重要因素是：我们不会事后批评别人的行事动机，以及评判他们是否虚伪。说回自我接纳，如果涉及我们不那么喜欢的事物，那么我们往往会因其而对他人妄下判断。因此，我们只有意识到自己是想要解决问题，并且是出于帮助他人的动机时，才能指出别人的所作所为，而不是自认为比他们做得更好。因此，我在此呼吁，让我们建设一个更具怜悯心、更有爱心、更少成见的世界。

行动指南

从今天开始,降低给自己和他人妄下判断的频率:

首先,花时间静静地思考一下你妄下判断的原因。你会恰当地接纳自己,包括自己的缺点吗?你是否会像苛刻要求自己一样,去苛刻要求他人?

想一想你会倾向于评判哪种类型的人。列一个表格,梳理一下这类人身上可能存在的积极特质。

对在当下所遇到的人,尽管对方不是你自然而然就喜欢的那种人,但请你养成这样一种习惯:对别人表示理解而非评判。

第四十天　自律自强
Self-disciplined

◆ 词语定义 ◆

▶ 自律的人能够控制自己，自觉努力工作，以特定方式做事，无须别人告诉自己该做什么。

◆ 名人名言 ◆

▶ 征服自己需要更大的勇气，其胜利也是所有胜利中最光荣的胜利。

——柏拉图

▶ 胜人者有力，自胜者强。

——老子

▶ 让一个人出类拔萃的品质，不是天赋异禀、良好教育、聪明才智，而是自律自强。当别人都陷入平庸，自律自强便是一个人能脱颖而出，实现自我抱负的关键所在。有了自我约束，一切皆有可能。没有自我约束，哪怕再简单的目标，看起来也像个不可实现的梦。

——西奥多·罗斯福（Theodore Roosevelt）
美国前总统

▶ 纵观许多伟人的一生，我发现他们能够取得成功，战胜自己是首要的……他们所有人都把自律放在了第一位。

——哈里·S. 杜鲁门（Harry S. Truman）
美国前总统

观点论据

有这样一个家喻户晓的故事，一个男人一直想在背上文一个狮子的图案，于是就去到了一家文身店。文身师刚开始将狮子的尾巴刺在他背上时，该男子痛苦地大叫起来，问文身师在做什么。文身师回答说，自己正按要求刺着狮子尾，男人就说，他想文一只没有尾巴的狮子。接着，文身师开始在他背上刺狮子的胡须，这时该男子再次痛苦地大叫起来，问文身师在做什么。文身师回答说，自己正在文狮子的胡须，男人说，他想文一只没有胡须的狮子。接下来，文身师文了狮子的背部，男人又一次大叫起来。这一次，文身师终于忍不住扔下工具，把该男子赶出文身店，在他后面大喊道："你怎能指望没有一丝痛苦，就轻易得到自己想要的东西呢？"

我一开始本想用"苦行"（ascetic）这个词，但该词如今并不常用。这一词就有一种严格的自律感，通常用于形容宗教团体里的人，比如说僧侣，无论他们是佛教徒还是基督徒。但在目前语境下，该说法似乎有点过头了，但是修会教士的目标跟我在此想要表达的内容很相似，即让门徒们拒绝物质诱惑，经历艰辛生活，而物质则是大众所说的生活必需品。"ascetic"一词源自希腊语，意为训练或锻炼，在某些方面类似于来自拉丁语的"自律"（discipline）一词，该词义为"赎罪的惩罚"或"以矫正为目的的惩罚"。从这两个词的词根来看，"苦行"一词现在似乎不如"自律"严厉。但这两个词都有共同的意思，即为了让自己变得更好，采取一些艰苦的措施。僧侣们为了提高个人的精神境界，通过压抑睡眠、衣服、食物、谈话和性等身体"需求"，不断地进行自我修行，同样，我们也可以在较短时间内削减对这些生活必需品的需求，但是，即使我们只想发展自己的精神及心理，而非灵魂修炼，也会在这种削减基本需要的情况下让自己的思维更加敏锐。如果有人总是想要满足身体欲望，那么这种人注定无法成为伟大的人。正如柏拉图所说，"征服自己需要更大的勇气，其胜利也是所有胜利中最光荣的胜利。"

我们要实现长期目标，组建一个企业，或者对任何事情得心应手，有时就要拒绝享乐的事情，追求享乐本身没有问题，但在某些情况下会阻碍发展。在科茨沃尔德·法尔公司的初创阶段，我白天在当地社区工作很久，回家后还得继续工作，整理订单，手写发票，一直到凌晨4点左右，然后给面包车加满柴油，把车留给一位朋友，他会在早上6点作为送货司机开始工作。我有时只睡两小时，然后自己开车送货。我并不提倡这种做法，但有时候，必须要做一些艰苦的工作。不过，自律不仅意味着努力工作。有时，自律是不在演讲的前天晚上喝酒；有时，自律是少接触电视或社交媒体，关掉手机几个小时去学习。例如，我最近要对自己有所知晓的某个主题做一次演讲，但是我认为自己对这个主题了解得又不够多，所以我每天留几个小时，去阅读3本与该主题相关的书，以增长知识。而这些晚上的时间，我本可以用来看电视的。

我在此所写的所有有关"自律自强"的内容，都要与"自我照料"那章的内容保持平衡，因为两者之间有明确的界线。性格往往会决定你在界线的哪一边。规律进餐，充足睡眠，对我们都有好处，但自律则是一种欣赏，在恰当的时间可以完全放松和享受生活，但在需要提升自己的时候，也可以抑制自己的某些生理"需求"。正如你目前所了解的，我特别建议你在每天的早晨抽出一些时间来冥想、读书看报，营造一种平静感，然后再进入新的一天。没错，这需要你起得比以往更早，但你会以有益的方式迎接新的一天，从而获得能量。

重点是要找到自己的舒适点。同一件事情，对一个人来说正确，于另一个人而言却不一定正确，当然，也没有固定的规则。这些规则可能成为一种束缚，而不是一条通往自由的道路。这也代表一种自律，而不是成为身体欲望的奴隶。你认为，职业运动员一定就喜欢早起和每天训练吗？他们可能有90%的时间会这样做，但剩下10%的时间他们宁愿去做别的事情。然而，这些优秀运动员在那些有困难的日子里也会比别人训练得更加刻苦，这就是他们能成为最佳运动员的原因。于我们而言，道理也一样。在你不想干任何事的时候，去做一些别的活动，做一下运动或进行心理训练，这就是自律的核心所在。

我们经常会看到别人的闪光点，希望自己也拥有跟他们一样的音乐天赋、领导才能、演讲或写作天赋，甚至软件专业知识。虽然有一些人天赋异禀，不用努力就非常优秀，但绝大多数人还是要通过大量的训练，才能对所做之事熟能生巧。心理学家安德斯·艾利克森（Anders Ericsson）首次提出了这个理论：任何东西的掌握都离不开10000小时的训练，你每天都要训练两小时，并坚持14年。无论该特定的时间长度是否准确，相比于生来就更有天赋的人，任何领域的大师花在技能练习上的时间往往要长得多，也正是因此，大师们最终技高一筹，成功超越天才。在本章的一句名人名言中，西奥多·罗斯福谈到，自律是人出类拔萃、摆脱平庸的特征。很多人受困于平庸的山谷里，缺乏自律性来帮自己爬出山谷，登上顶峰。

为什么物质上的禁欲有利于磨炼人的精神和思想层面？我不确定是否有人从整体上回答过这个问题，但我敢肯定的一点是，许多西方人都认为，物质是居于首位的，精神和思想层面次之，因此，我们尚未探索过自律的完整境界。我们总觉得不吃一顿饭或一天不进食是异常现象，但在东方传统和各种禁欲主义传统中，节制生活其实不足为奇。重点是这不会成为一种法律条文，所以我们必须听从内心的直觉，在恰当的场景下做到自律。但是，如果将更高水平的自律带进生活，往往就会产生新的思路和方向。深刻了解自己确实是一种真正的力量，定会让我们成为更好的领导者和更好的人。

行动指南

当下及以后都要过一种自律的生活：

反思一下你的自律水平。问一问自己你有多自律。你心情不好、情绪低落时，会暴饮暴食、喝酒、看电视，还是做一些更为积极的事？

想一想你可以舍弃的物质需求，以提高自己的精神或思想层次。我不想在此提出任何建议，这些东西必须是适合你的。

有一些可以长期融入生活中的好习惯吗？例如每天花时间锻炼、冥想或阅读一些鼓舞人心的报刊？

第四十一天　明察善断
Wise

◆ 词语定义 ◆

▶ 有能力辨别或判断什么是真实的，什么是正确的，什么是永恒的；精明练达的。

◆ 名人名言 ◆

▶ 智者，任由岁月流转，不添半点伤怀，而随年华逝去，尽将历练缅怀。

——威廉·华兹华斯（William Wordsworth）

英国浪漫主义诗人

▶ 要想获得知识，必须学习；要想获得智慧，必须观察。

——玛丽莲·沃斯·莎凡特（Marilyn vos Savant）

美国作家、剧作家

▶ 昨天的我很聪明，所以我想改变世界。今天的我充满智慧，所以我正在改变自己。

——鲁米（Rumi）

波斯诗人

▶ 智慧的增长往往与人们对无知的认识成正比。

——安东尼·德·梅勒（Anthony de Mello）

印度精神治疗师

观点依据

苏格拉底从未将他的思想写下来，所以我们对其言语的了解大部分是出于他弟子柏拉图的记载。苏格拉底说道："我要比这个人更睿智，因为我们俩仿佛都不懂什么大道理。但是这位略懂皮毛就装作自命博学。而我，对事物知之甚少，因而不自视过高。"换句话说，如果你认为你懂的很多，那么你就不是一个有智慧的人。最近我约了一位老朋友见面，我有将近十年没见他了，于是我们相互打量对方，看看这些年彼此有没有什么变化。我们都认为相比于数年前，现在的我们更是知之甚少。随着我们慢慢变老，越发意识到我们不知道的事情还有很多。当然，年轻时候的我自认知之甚多，正如许多年轻人，恨不得其他人都能见识我的才华。

许多人把智力和智慧混为一谈，而两者的性质大相径庭。萨特·拉纳（Zat Rana）在社交媒体网站上发表过一篇出色的文章，阐释了智力和智慧的区别。他表示智力在于知道某事，而智慧在于对某事有所理解，还要理解到位。对某事有理解是关于对其本质的理解，是关于事实适用于特定情况的方式，而智慧的内涵更为宽广，更加多变。有了智慧，我们可以透过事物现象看本质，有了智慧，我们可以透过事物的细枝末节和矛盾之处，发现当中是如何与其他领域产生关联的。

这种对知识的有机应用的智慧源自生活经验。因此人们会联想到上了年纪的人更有智慧。让我感到惊讶的是，社会名流会在二三十岁就撰写自传。我甚至不敢肯定，年不过半百的他们是否有授人以智慧的能力。他们或许获得了大量财富，但是人生阅历尚浅，无法参透其中道理。

  今天早上，我听了长达一小时的播客，是一段对英国香水制造商祖·玛珑（Jo Malone）的采访。因为祖比我大几岁，所以也算得上是年过半百的人了。尽管她在播客上说自己并不是特别聪明，可智慧仿佛从她身上每个毛孔散发出来似的，这是我边听边发现的。祖的人生很艰难，她患有严重的阅读障碍症，13岁那年不得不辍学去照顾身患中风的母亲。后来她又被诊断出恶性乳腺癌，还有一段时间丧失了嗅觉，这对于香水制造商来说简直是灾难，尽管如此，她还是痊愈了。只有经历苦难磨炼，知识才会化作智慧，历尽万难的人往往是人群中最睿智的。

  我们很容易认为不好的经历是实现人生目标的绊脚石，至少会拖慢目标达成的进度。然而，我们能成长为独一无二的人，能心生慧根，恰恰是因为这些不好的经历。最近我终于领悟到这一切——我是如此的愚钝！我以前总认为第一段婚姻的支离破碎、生意经营得如此惨淡、烦心事接二连三地出现，意味我的人生早已乱套了。然而，从所有这些不好的经历中仍是可以得到好结果的，我后来明白正是所经历的一切让我成长为今天的自己，让我增长不少见识，好为他人生活出谋划策。事实上，2018年年末一直在我脑海中萦绕着的语句是——是时候要长些智慧了。2019年第一天的下午，我和妻子出去散步，跟往常一样享受着散步带来的乐趣，我们听到枝头上鸟儿传出一阵"骚乱"的声音，原来是一只猫头鹰在我们头顶低空盘旋。猫头鹰通常是智慧的象征——对，就是智慧！虽然我要学的还很多，但我还是把那天看到的景象当作是鼓励，鼓励我用脑海中那些话语来帮助别人，自此，我尝试着付诸实践，尽管自问所知道的不比以前多！要明确的一点是，我不确定我是否会享受这些不好的经历，但是我明白的一点是，这些看似当时对我们产生消极影响的经历，会对我们将来成为卓越人才、睿智之人产生积极影响。若能在艰难时刻察觉到这一点，说明你心中有慧根。

许多其他文化的人可以教授给西方人的是应对社区内的长辈表现出敬佩和尊重。西方文化通常把长辈视为行动不便或精神错乱的群体，不给予他们应有的尊重。而其他文化把长辈视为真正有智慧的人，教育儿童和青年要敬仰长辈，尊敬长辈。社会上的年轻人若遇到道德两难处境，会找父母寻求帮助，有时候，他们期望能从长辈身上得到智慧的答案。如果社会上全体长辈都得到此等尊重，那么我们的社会必将是一片欣欣向荣。商业领域也如是，虽然年轻人在特定领域了解的要比年长的人多，但是对各行各业经营多年的有经验者表示尊重，对年轻人来说也颇有益处，当中也有智慧的可学之处。让我们在青春的激荡中牢记这一点吧。

谈到智慧，当然少不了所罗门王的故事。有一天两个女人来找他，都自称是一个孩子的母亲。对于这件事的真伪，所罗门王不需要法医检验，不必找出孩子父亲，也不用询问其邻居，而是下令把孩子切开两半分给两位母亲，就轻而易举地把矛盾给解决了。这项命令即将执行之际，一位母亲放弃了对孩子的争夺，说宁愿把孩子送给另一位女人。所罗门王当机立断，宣告这位放弃孩子拥有权的女人就是孩子真正的母亲。智慧就是对问题本质的一针见血，不必过多言语，通过异于常人的角度看待问题。这就是知识和智慧之间的区别。正如所罗门王自己所说的："智慧为首，所以要得智慧。在你一切所得之内，必得聪明。"

行动指南

智慧的修炼要终其一生，但今天：

先从你认为人生中最不堪的经历中开始反思自我，感激这段经验中的哲理。自问是否比以往更能体会苦难中积极的一面？

正如玛丽莲·沃斯·莎凡特所说，智慧的获得不在于学习，而在于观察。你认识智者吗？能接触到智者吗？可以从他们身上学点什么吗？他们大多数都挺乐意给你一些指导的。

同样地，如果你年过半百，那么你有给谁传授过知识吗？如果你认为你没有什么可以传授的东西，那么恭喜你通过了考验！

第四十二天　博爱众生
Loving

◆ **词语定义** ◆

▶ 爱的感觉、表现或表明爱和感情

◆ **名人名言** ◆

▶ 强烈的爱不能衡量，只是给予。

——特蕾莎修女

▶ 当你心中有了这种叫作"爱"的非凡的东西，并感受到它的深度、快乐和情难自禁时，你会发现世界为你而改变。

——吉杜·克里希那穆提（Jiddu Krishnamurti）

印度演说家和作家

▶ 爱是无私的……爱不区分有价值的人和不值得的人，或人所拥有的任何品质。爱始于为他人着想而爱他人……因此，爱不区分朋友和敌人，它是双向的。

——马丁·路德·金

▶ 不成熟的爱说："我爱你，因为我需要你。"成熟的爱说："我需要你，因为我爱你。"

——艾里希·佛洛姆（Erich Fromm）

德国社会学家、心理学家

观点论据

"爱"和"爱的能力"是个宽泛的术语,所以让我在领导力的语境下定义这里提到的"爱"。首先,"爱"这个词通常用于自己认识的人,而非不认识的人。我们已经在这本书的其他地方讨论过同情,"同情"这个词通常用来形容对正在遭受痛苦的人的感觉,并带着减轻他们痛苦的愿望。而爱是一种对熟识之人的感情。古希腊人用四个词来表达爱:storge表示对家庭的爱和父母与孩子之间的感情;philia被用于形容无关爱恋的友谊;eros是性吸引力;最后,agape是一种纯粹的、无条件的爱。

我在这里要重点讨论的是后一种爱,这种纯粹的爱贯穿于其他三种爱中,也使其他的爱更深入、更丰富。正是这种爱,让我们成为更好的领导者。如今,人们很少谈论不涉及两性情感的爱,这无疑是一种遗憾:现在是时候找回"爱"这个词的本质,并在不涉及任何两性暗示的情况下,将自己描述为有"爱"的领导者。事实上,在过去两年里,我在与其他商界领导者交谈时常使用"爱"这个词,也没有感到任何尴尬。C.S.刘易斯在《四种爱》(*The Four Loves*)一书中描述的第四种爱有一种超验感。刘易斯说,另外三种爱可以用"需求的爱"来表达,而agape是一种"赠予的爱",把我们爱的人带到另一个层次。当然,把赠予之爱带入我们对家人、朋友和爱人的爱中,也会把所有这些关系提升到一个更高的层次。

考虑一下如何将爱带入我们的企业或组织的领导层。若要在几年前在讨论工作的语境中讨论"爱"这件事,可能会被当成"嬉皮士"或者那种不知道自己在干什么的"新一代",当然也会让人力资源经理有些许紧张。但值得庆幸的是我们发展到如今,像我所笃信的那样爱下属也变得极为重要。对许多人来说,职场是生活中最重要的社交区域,因此,职场的领导就相当于前工业时代村庄里的长者。许多人认为,随着21世纪的前行,孤独将成为更大的灾难——在职场感受到爱也将变得更加重要。我已经在第37天讨论过,如何做一个能提供保护、消除恐惧文化的领导者,并确保有一个没有恐惧的积极氛围。还有什么比在职场创造博爱的文化更能缓解恐惧呢?领导者学会爱自己的员工,有助于重置企业文化和公司DNA。

创造博爱文化的好处是,能增加幸福感,反过来激励员工表现得优异,并引导发展出一个更成功的组织。此外,作为一个博爱的领导者,应该与员工互相支持,而不是试图遏制对方,让自己看起来比对方更好。人与人的互相支持可以创造更好的团队动力。更重要的是,创造博爱的文化能减少工作中的压力,维持心理健康和幸福感。何乐而不为呢?有些人会认为爱是一个空洞的概念,当人们在咖啡机旁互相吹捧时,生产力会下降,工作效率会降低。然而,他们错了。人们好好工作的动力来自内部的动机。人们不需要被外部绩效指标不断地激励和驱动,但如果他们能够感受到爱,喜欢来工作,就会为取得优异成绩而感到更兴奋,并会想着与同事们关系再进一步,这有助于促成更好的团队合作和生产力。这并不复杂,不是吗?所以,我们看看自己该如何在实践中爱下属。

看待这个问题的一种方法是把你的同事想象成孩子。这样做并不是在贬低他们，是因为孩子对父母的那种爱的需求，正如人们在职场中所需求的一致。孩子们在目标达成时喜欢被夸赞，在完成任务的过程中喜欢被鼓励。我们知道孩子需要约束，我们的同事也一样。要知道，我们对他们抱期望或不抱期望都对他们有巨大影响。在人们不知所措时帮助他们是博爱的一部分，同样地，当他们感到无法应对时，就伸出你的手臂搂着他们，给予他们所需的支持，也是博爱的一部分。孩子们最喜欢父母的关注，所以要确保开放的空间，让每个人都能准确地交流他们的感受和想法。创造这种环境将使人们在交流中更加真诚。

如前所述，在我们公司，会议前经常安静几分钟，并且有个"签到"的过程——每个在场的人都可以让其他人更了解他们当时的感受。最初，大家可能只会说几个词，但接下来我们会讲得更详细。人们可以自由地谈论工作或个人的事情，而不用担心被评判，这有助于营造博爱和接纳的氛围。谈到家庭生活，还有比帮助同事解决家庭困境更好的方式来表达领导的博爱吗？这可能意味着帮助你的员工解决育儿问题，也可能意味着在某位员工失去亲人时为他们提供心理咨询，或者在同事有财务问题时提供财务咨询。因为很多人已经失去了社区意识，他们在遇到麻烦时不知道去哪里寻求帮助，作为一个博爱领导者的一部分工作就是在他们周围创建一个有爱心的环境。

没有比婚礼上的这句话更适合作为今天思考的结语的了，下文这句话也是到目前为止新娘和新郎最喜欢选择的誓词。当你读到这句话时，也请试着从以下角度思考你的领导能力：

爱是恒久忍耐，又有恩慈；爱是不嫉妒；爱是不自夸，不张狂；不做不合宜的事，不求自己的益处，不轻易发怒，不计算别人的恶；不喜欢不义，只喜欢真理；凡事包容，凡事相信，凡事盼望，凡事忍耐。爱是永不止息。

当我们寻求在我们的领导中变得更博爱时，通过所有这些品质来展示爱是极好的一种方式。

行动指南

和我一起学习变得更博爱：

再读一遍婚礼上的誓词，当你读的时候，思考在领导工作中是否以那种方式体现博爱？一旦有想法就记下来。

你在自己的职场文化中有多博爱？你还能做些什么来培养对同事们的爱呢？

欣赏、鼓励、支持。今天就做其中的一件或全部，向你认为需要的人传达你的爱。

第四十三天　公平正义
Justice-loving

◆ 词语定义 ◆

▶ 以公平的方式待人。

◆ 名人名言 ◆

▶ 即使让我遭受不幸，我也要与资本主义斗争。当你周围的人都在挨饿时，像你这样感到舒适、吃得饱饱的，是错误的。

——西尔维亚・潘克赫斯特（Sylvia Pankhurst）

英国社会活动家

▶ 正义只有在不是受害者的人和受害者一样愤慨时才能得到伸张。

——本杰明・富兰克林

美国政治家、科学家、发明家

▶ 真正的和平不仅仅是紧张冲突的消失，而是公平正义的再现。

——马丁・路德・金

▶ 当你在不公义的情况下保持中立，就如同你站在压迫者那一边。如果大象的脚踩在老鼠的尾巴上，而你说你保持中立，老鼠可不会感激你的中立。

——德斯蒙德・图图

南非教士和神学家

观点论据

1955年12月1日，在亚拉巴马州蒙哥马利市，非裔美国黑人罗莎·帕克斯（Rosa Parks）拒绝在公共汽车上给白人让座。众所周知，这引发了持续328天的蒙哥马利巴士抵制运动，从而引发了美国持续至今民权运动。罗莎表示，"我完全不知道这是在创造历史，我只是厌倦了放弃权益"。我们仍然生活在一个极不平等的社会中，世上数十亿人正在遭受不公正的对待。乐施会（Oxfam）在2018年发布的报告称，世界上42位富豪的总资产相当于世界半数人口的财富总和，而这一统计数字在今天可能更糟糕。优秀的领导者不会忽视这样的数据，他们会热爱正义，希望看到世界上的公平和平等得到伸张。糟糕的领导者传播不平等的想法是因为它可以维持现状，而这种现状对他们有利，他们的主要动机是为了让自己日子更好过。

就我个人而言，我一直有一种强烈的正义感，一直痛恨这个世界上的不平衡和不公平。其中部分原因是，我在英国最大的公共住宅区之一威森肖（Wythenshwe）边缘的一个富裕地区长大，我从小就被告知，那些人生活的处境不如我好的人之所以这样是因为他们自己的错，而我本能地知道这不是真的。我从小就有一种强烈的愿望，希望在建立一个更加平等的社会的事业中付出自己的力量，正是这种想法让我在伦敦市中心工作了13年，试图实现这个愿望。虽然我们取得了一些小小的胜利，但失败更多。尽管如此，我的工作仍然在继续，在我的企业中，正义和平等的主题贯穿始终。

历史上著名的领导者，如特蕾莎修女、马丁·路德·金、圣雄甘地和纳尔逊·曼德拉，之所以受到赞扬和铭记恰恰是因为他们与不公正做斗争并取得成果。这其中有两个人为此付出了生命，你可以说纳尔逊·曼德拉，也付出了很大的代价，因为他遭受了27年的监禁。我相信大多数人都是好人，希望我们的社会更加公正，那么是什么阻止我们积极地以更大的决心为正义而战呢？反而正如德斯蒙德·图图提到的那样，保持中立意味着站在压迫者一边，维持现状。我们中有太多人什么都不做，默认地选择站在压迫者和不公正的一方。为什么没有更多人站出来反对不公正呢？

部分原因很简单，因为我们生活在受制约的自我中。我们可能出身较为一般，因此，当我们在社会上"获得"相对高的地位时，我们往往会想，这是我们通过个人努力得到的成果，是我们应得的。我们对自己说："我们为什么要通过倒退来逆转我们已经取得的一些成就呢""我获得的成功完全取决于我的辛勤工作，我的孩子应该得到比我们所拥有的更好的东西"等。为这些想法辩护很容易，但忘记我们来自哪里也很危险。值得称赞的是，一些成功的企业家非常善于利用他们取得的地位与不公正现象做斗争——而另一些人则倾向于什么都不做来维持这种现状。

我们生活在一个日益不平等的世界，现在正是需要更多的领导者冒着失去舒适生活和声誉的风险，为那些因为没有话语权而无法为自己战斗的人而战，用罗莎·帕克斯的话来说就是，为了那些"厌倦了放弃权益"的人而战。为受压迫者而战的事业得到了那些非受压迫者的极大帮助。

另外，我们的领导团队中至少需要有同等数量的女性，甚至更多的女性进入我们的领导团队，以纠正数百年来的性别不公。女性的领导品质是至关重要的，也需要更多地向世界展示她们的领导优势。有些人告诉我，作为一个男人，我应该把这个话题留给女人，但我不认同。这件事非常重要，以至于女性和男性都应该为那些针对领导层中女性的不公正和厌恶挺身而出。

为正义而战也许意味着失去一些支持者和朋友，其他人可能会认为我们这么做是在玷污自己的声誉，但我们知道自己是在维护正义，知道什么是正确的，这才是最重要的。毫无疑问，2019年在伦敦发生的"反抗灭绝"运动大大扭转了关于英国的气候变化的辩论导向，但包括我在内的许多相信这一事业的商人并没有参加活动，因为被捕的经历可能会让我们的简历不太好看，或出现在人际关系网"领英"（LinkedIn）的最新帖子上。也许真正热爱正义意味着我们要牺牲自己的名誉和社会地位。

要真正站出来并满怀热情地关注更多的正义，确实需要一定程度的情感参与。有些人，通常是男性，需要在这方面有所进步，我不确定我们是否能成为热爱正义的人，除非我们"感受"到被压迫者所感受到的一些痛苦，并与他们对压迫者的愤怒产生共情。气候恶化的悲剧是另一种形式的社会不公正，因为它早在许多西方国家产生物质和经济影响之前就已经影响了地球上生活条件不那么优越的人。就在写本书的某天早上，我还收到了一封来自肯尼亚西部社区的电子邮件，该社区和我们的公司有联系。邮件告诉我们当地洪水再次泛滥，这一次，也是头一次，他们的几头公牛被冲走了。

由于气候变化，每年都会出现反常的天气，甚至在我与他们交往的十年中，情况变得更糟了。

我在前文描述过，我在一次公开活动中当众落泪，并在此后变得更加关注环境问题，当时我分享了一张由于气候变化造成的洪水泛滥，导致许多人无家可归的幻灯片。如果你想成为一个热爱正义的领导者，你就不能置身事外或忽视人们所面临的麻烦。本杰明·富兰克林的话用在这里特别贴切："正义只有在不是受害者的人和受害者一样愤慨时才能得到伸张。""愤慨"这一词奠定了正确的基调，热爱正义包括感到愤怒并采取行动，而不仅是说说而已。我们不会在一夜之间看到成果，因为这是一生的事业，但就我个人而言，我不想在这个日益不平等的世界上保持中立。

行动指南

今天，让我们站起来反抗不公正：

花点时间问问自己，你对别人遭受的不公正感觉如何。那是不是会让你有点心烦意乱，或者你是否感觉到一种强烈的情绪在促使你采取行动？记下你想到的任何东西。

你可能已经加入了正义事业的"联盟"，但在这种情况下，你个人打算如何为受压迫者说话或行动？

想想在你的公司或组织内部，或在当地社区，或者是在你的供应链内部，你还能做些什么，即便是些微不足道的事情，以此来减少不平等现象。

第四十四天　诚实守信
Honest

◆ 词语定义 ◆

▶ 说实话或者能够被信任；不偷窃、欺骗或撒谎。

◆ 名人名言 ◆

▶ 诚实坦率待人常使你受到伤害。但不管怎样，还是要诚实、坦率。

——特蕾莎修女

▶ 诚实可能不会让你交到很多朋友，但它总会让你交到合适的朋友。

——约翰·列侬（John Lennon）

英国歌手兼词曲作者

▶ 每当你诚实并且诚实地行事，诚实的力量会驱使你走向更大的成功。每当你撒谎，哪怕只是一个小小的善意的谎言，都会有强大的力量把你推向失败。

——约瑟夫·苏格曼（Joseph Sugarman）

美国激进主义分子

▶ 令人沮丧的是，有那么多人对诚实感到吃惊，而对欺骗感到吃惊的人却那么的少。

——诺埃尔·考沃德（Noël Coward）

英国剧作家

观点论据

我清楚地记得很久以前,在我还是一名咖啡和茶叶自动售货机的推销员时,销售经理希望我们在本季度结束时能有更好的业绩,并鼓励他的团队在下周内至少再签20份合同。经理把我们聚在一个房间里,让我们联系潜在客户并告诉他们,巴克莱银行取消了一笔订单,这意味着银行预定的某种型号的自动售货机特价销售中。在这个编造的故事中还有很多细节,但没有一个是真的。他说完之后,我大声说,我不打算为了卖出更多的产品而撒谎,我希望房间里的其他人也能支持我,但没有人这么做。那是一个惊心动魄的时刻!但在会议结束后,一些同事找到我,对我的诚信表示欣赏,我心想:"谢谢你在会议期间的支持!"我一直很注重诚信,尽管它曾多次让我陷入麻烦,因为我无法让不诚信的人不受质疑。

如今,我也许比以往更担心商界是否有诚实的氛围,因为有些目标远大、计划周到的公司依然缺乏诚实。某些因"有商业道德"而知名的公司员工与我们在会议上达成了口头协议,但后来又违背这些约定,甚至否认进行过这类谈话,这种情况发生过不止一次。我有一个异乎寻常的疑问:其他情境下爱做好事的习惯会延伸到商业交往中吗?尽管维多利亚时代有许多不可取之处,但我认为有必要回归那个时代的传统的诚信。英国议会禁止将你尊敬的朋友称为骗子——然而,在许多时候,撒谎才是一种常态。甚至政客的公关人员是被默许撒谎的,尽管他们有另一个词用来形容这种行为:编造。21世纪,我们被"假新闻"所困扰,但已将其视为常态。几年前，英国广播公司的电视节目《学徒》的总冠军在节目的采访阶段中被发现在简历上撒了谎，但休格勋爵（Lord Sugar）在一周后的终期节目中仍宣布他是获胜者。他的谎言遭到曝光，但只被当作夸大其词，而非谎言。但我绝不会雇佣这样的人。

还有另一种常见的不诚实行为，即人们只说你爱听的话，不告诉你事实真相。我有过很多这样的经历，尤其是在非洲工作时，我花了很多精力才找到切入真相的技巧。然而，在西方文化中，这种为了取悦他人而不诚实的情况也已很常见了。当我们为了更好地展现自己而在分享信息时忽略重要的细节，抑或是当我们推销自己的公司以使其看起来比实际情况更好时，就会发生这一类的不诚信行为。有时，如果我们重复这些故事的次数足够多，我们几乎就会允许自己在生活和工作中编造更多的"真相"。我知道这一点，因为我这样做过。但那些天里，不舒服的感觉时常涌上心头，直到我纠正了自己的行为，这种感觉才消失。我们都观察过儿童，当他们不完全诚实的时候，肢体语言会暴露他们。几乎所有的孩子都会这样，因为他们有一颗纯洁的心。但如果随着年龄的增长，我们不断无视我们的良心，那么当我们不诚实时，我们就不会再感到不安，接着变得完全不在乎——只要我们利用不诚实达到了目的，不诚实就会成为常态。

在我们不诚实的时候，我们周围总环绕着一种可被察觉的氛围。如果你不是一个完全真诚或可信的人，或者一家公司有什么幕后的不可告人之事，其他人通常会凭借他们的直觉察觉到这一点——即使他们无法确切地说出那是什么。你能感受到那种当你想和一个人做生意时总有那种模糊的不对劲的直觉吗？我对一家瑞典饮料公司有这种感觉，那时我们刚刚开始作为它在英国的分销商与其合作。他们为自己的经营目的编造了美好的背景故事，试图展示他们做了多少好事，并且宣称创造利润在很大程度上是次要的。但当我花了一下午在办公室向他们询问更详细的细节，以及发展中国家的农民究竟如何从中受益时，他们根本无法给我任何确凿的事实和数据。那天剩下的时间里，我无法摆脱他们给我的那种"缺乏坦诚"的感觉。晚上，我和他们的团队共进晚餐，喝了几杯葡萄酒之后，他们的真面目显露出来了。那天晚上，我上床睡觉前就知道，我们不会与该公司建立长期的业务关系。不诚信和不坦率几乎是一回事。

过一种极其诚信和坦率的生活还有另一个原因：为自己的健康着想。美国圣母大学的两位教授进行了一项诚信实验，结果表明，说实话对我们的健康有益。该研究报告的第一作者、圣母大学心理学教授阿尼达·凯利（Anita Kelly）博士说，"近来有证据表明，美国人平均每周撒谎11次。我们想知道，诚实生活是否真的能让人变得更健康"。她还说，"我们发现，参与者在有目的地大幅减少他们每天的谎言数量时，健康状况可以得到显著改善"。不诚实似乎在我们和其他人之间设置了障碍，这不仅是因为他们会对我们产生不好的看法，也因为当我们不完全诚实时，我们会不那么自信。在前文提到的那项研究中，我们还可以看到这样的结论："在参与者撒谎次数较少的几周内，他们报告说，他们与人之间的亲密关系有所改善，总体而言，他们的社交活动在那一周也进行得更加顺利。"这揭示了一个结果：根据统计数据，这种人际关系的改善可以明确地解释健康状况的改善与减少撒谎频率之间的关系。

我们常常以"善意的谎言"为借口开脱，理由是这些谎言旨在让我们或者我们的生意在别人眼中更好，但从长远来看，这种做法其实会产生相反的效果。当我们足够坦率和诚信时，他人会有意无意地更喜欢我们，并与我们进行更多合作，所以，让我们这样生活吧。编造、不坦率、善意的谎言、夸大其词都是不诚信的一部分，当我们开始将这些因素从生活中抹去时，我们身边的企业和组织都会变得更好，健康还可以得到改善。

行动指南

今天，让我们反思一下自己到底诚实与否：

我相信这本书的大部分读者都是诚信的人，但让我们花点时间来审视一下自己。你是否对别人百分之百诚实，还是偶尔夸大、稍微扭曲事实或者隐藏部分信息？

想象着你站在一束光下，所有的秘密都暴露着。你的秘密是否可以告诉别人？如果是的话，今天就行动吧。

打个比方，你是戴着职场面具，还是真实、诚实的你在闪耀着光芒？如果你发现自己不是百分之百诚实的，那么你就要提高警惕，并试着振作起来，纠正自己。

第四十五天　自我照料
Self-caring

◆ 词语定义 ◆

▶ 生病时照顾自己或防止自己生病的行为。

◆ 名人名言 ◆

▶ 我们的身体就像一座园圃，我们的意志是这园圃里的园丁。

——威廉·莎士比亚（William Shakespeare）

英国剧作家和诗人

▶ 当你发掘或发现一些可以滋养你的灵魂并带来快乐的事物时，请充分关心自己，以便在你的生活中为它腾出空间。

——让·筱田·博伦（Jean Shinoda Bolen）

美国精神病学家和作家

▶ 如果我们不知道如何照顾自己和爱自己，我们就无法照顾我们所爱的人。

——释一行禅师（Thich Nhat Han）

越南诗人

观点论据

在本书中，我们所看到的许多特征都与我们对他人的外在行为有关，或与我们想成为更好的人所需要的内在变化有关。但是，如果我们不小心，我们可能会因渴望帮助他人而在自我提升的过程中变得过于狂热，给自己带来太大的压力。如果不呵护和照顾自己，我们将会失去继续下去的能量。无论是在护理行业还是在职场中，倦怠在那些将自己奉献给他人的人身上都是一种常见的现象。我们应善待自己，这样才能更高效地付出。请注意，词典中对自我照料的定义是防止自己生病。事实上，我们中的许多人都经历过由于自我照料不足而导致健康问题。

我曾与一个团队在伦敦东南部一个贫困的社区中生活和工作了几年。后来，团队中的一些人搬到伦敦北部开始了另一个项目，我和一位同事则决定给自己放一个半休假。我们继续进行着之前的工作，只不过规模更小一些，但每周至少有三个早上，我独自坐在教堂的大厅里，阅读、反思并在日记中记录自己的想法。我发现了自己善于思考的一面，这个优点一直存在，但我的生活被试图改变生活的狂热工作占据了，我精疲力尽，没有给思考活动留出空间。事实证明，那段经历对我开始学会照顾自己来说至关重要。

几年后，我被迫在职场中受到了更严酷的教训，当时我的生意几乎完全破裂，我像一只无头苍蝇一样到处乱飞，试图拯救它。又过了几年之后，我在工作、阅读和写作（智力刺激）、放松还有锻炼之间取得了良好的平衡。保持这几个要素之间的平衡是自我照料的关键。我现在更能适应自己的身心,当我失衡时,它们会就通过我20多年来一直忽视的身体信号来告知我。如果我能早一点学会倾听这信号,或许我几年前就不会患上轻度中风。

　　了解自己的身体是很重要的,就像感知我们什么时候不在心流状态,什么时候表现最佳一样重要。美国音乐家兼作家科里·麦库姆(Corey McComb)在他的文章《如何保持一种创造性的流动状态》(How to Maintain a State of Creative Flow)中很好地阐述了这一点:"在我们的社会中,尤其是在企业家群体中,仍存在着一股强大的暗流,它在持续颂扬和美化工作。就像关于每晚睡多长时间最好的话题一样,围绕谁可以在'高压锅'里的工作时间最长,工作最努力,也存在着一场不言而喻的竞争。"麦库姆引用海明威的话说:"我总是一直工作,直到做完一件事,只有当我知道下一步要做什么的时候才会停下来。这样我第二天就可以继续。"我仍然在学习如何在工作表现还不错的时候适当地停下来,因为我有时反而会成为"待办事项"的奴隶。

　　身心的刺激和放松之间的良好平衡是思考如何自我照料的好方法。如果你从事体力工作,那么你的身体就会在工作中得到锻炼,我就会建议你把智力或创造性活动的刺激作为自我照料的一部分,比如阅读或绘画。如今,越来越多的人从事精神刺激性工作,但不包括任何身体方面的劳动,作为自我照料的一部分,他们最好确保自己在工作日和周末多多锻炼。放松对身心都很重要。对大脑来说,放松可能是看小说或看电影;对于身体来说,放松可能意味着一个热水澡或按摩。睡眠可以滋养身心。度假也非常重要,因为与在正常环境中相比，远离我们的家庭和工作环境可以让我们在更深层次上放松。

现在，你可能会想，这些休养活动是要花钱的，而你似乎从来没有足够的钱。的确，度假和按摩都不便宜。我认为，公司领导者的一个重要作用是确保他们为每位员工支付了足够的薪水，让他们能度过体面的假期，并给他们足够的带薪假期时间，让他们能够放松。在科茨沃尔德·法尔公司，我们不允许员工顺延假期或者以领薪水来代替休假，因为我们认为，可以通过"强迫"员工休假来体现我们是负责任的雇主。我们还有按摩师时不时来办公室为员工提供服务。最近，我们还推出了工作休假制度，每7年给员工安排更多的休假时间。事实上，"sabbatical"（休假）这个词源自"Sabbath"（安息日），古代犹太人社区不仅每周休息一天，每年还有大量的公共假期，而且每隔7年，他们就会休一整年的假。这就是我所说的自我照料！

是什么阻止我们照料自己，让我们在工作过度的道路上走得太快，并且职业生涯还因此失去控制并偏离了方向？简单地说，就是不够爱自己。这不是自恋式的自爱，而是知道，在出差时你可以享用美味佳肴，或者你不必因身体需要而花80英镑做按摩感到内疚。照顾好自己意味着你能更好地帮助他人。显然，自我照料和自我放纵之间也是有区别的：后者的结果是昏昏欲睡和无所作为，而不是生产力的提升。例如，允许自己在看电影的过程中放松90分钟，之后你可能会感觉更有活力，这与在电视机前瘫坐5个小时有很大不同，在电视机前瘫坐可能没办法让你感觉有活力，可能还会产生负罪感。但这并不是说电视剧总是不适合任何人，也许某天它们就成为你给自己充电的东西。在这方面，我们能做的最糟糕的事情就是制定规则，因为这涉及了解自己的身心，并对自己提供给身心的食物和营养加以约束。

我们在这个星球上生活了很长时间，并且希望还能有很多年来创造我们的价值。让我们照顾好自己，这样我们才能够在78岁时仍然像28岁时一样有效率、有创造力。

行动指南

今天是关于照顾自己的思考：

反思身心刺激和放松的四个方面（即工作、体育锻炼、智力和创造性刺激、放松）。你是否在这四个方面达到了平衡？写下你需要被改变的想法。

在本周晚些时候，为自己预订一个你通常不会为自己预订的自我放松疗程，比如按摩、面部护理、游泳或桑拿。

作为一个领导者，你是否能够确保员工在必要时能够放松身心，从而保持心理健康状况良好？你是否为他们支付足够的工资，让他们能够负担得起这样做？你在工作场所做了什么来帮助你的员工变得有创造力和放松？

第四十六天　待人友爱
Friendly

◆ **词语定义** ◆

▶ 有朋友的特点或适合做朋友；表现出友好。

◆ **名人名言** ◆

▶ 友情往往始于这样一个瞬间——当他对别人这样说："什么？你也是！我还以为没人和我一样……"

——C.S.刘易斯

▶ 你心里有块磁铁，能吸引真正的朋友。这块磁铁是无私的，先为他人着想的。当你学会为他人而活，他们也会为你而活。

——帕拉宏撒·尤迦南达（Paramahansa Yogananda）

印度僧侣和大师

▶ 友谊是世界上最难解释的东西。它不是你在学校可以学到的东西。但如果你还没有学会友谊的意义，那你真的什么都没学到。

——穆罕默德·阿里

观点论据

在本文中,我所说的"友好"一词其实是指结交好朋友和维持真正友谊的能力。我们在本章要讨论的内容是"了解真正的友谊"。所有伟大的领导者和有远见的人都是好朋友,我相信我们需要这些朋友。让我们看看城市词典对友谊的美好的定义:

> 友谊是你全心全意地爱一个人,真诚地希望他们幸福,即使这意味着牺牲你自己来让他们幸福。真正的朋友是一个你可以向他倾诉感受的人,一个你可以对他说出你永远无法告诉家人,甚至伴侣的秘密的人。他们是你不必常与之交谈,但你总想与之交谈的人。一个你愿意为之付出的人。友谊是当你非常爱一个人,你想抱着他,永不放手。友谊是你想把头靠在他身上哭泣,你也会让他在你身旁哭泣。真正的朋友是一个你可以与其谈论你无法理解的事情,并最终就分歧达成一致的人。真正的朋友是当你想到他们,想到你和他们有多亲近,你有多爱他们,你就会满面微笑,满心欢喜。

虽然友谊是培养关系的过程,这种关系支撑着我们,让我们成长。但我们只有为了赢得他人的爱与支持,投入更多的爱和关怀时,友谊才会起作用。我敢肯定,我们都有过所谓的"友谊",但那种友谊又不像是真正的友谊,反而会让我们精疲力竭。显然,那种友谊不是我们在这里讨论的友谊。我很喜欢英国文学家刘易斯的名言，它完美地阐述了建立共同纽带可能标志着真正友谊的开始。刘易斯说过友谊是并肩而立的爱，而不是面对面的爱。人们普遍认为，友谊的形成是基于共同的兴趣或对共同的目标的追求。当我们并肩而立时，我们共同面向外而不是面向彼此。这样一来，虽然恋人间的爱会因为其他人的加入而受到挑战，但友谊则不同，它欢迎其他人的加入，不会产生嫉妒。

在21世纪，真正的友谊似乎正在消逝。社交媒体折损了"朋友"这个词，在社交媒体上与你有联系的人被描述为朋友，但在许多情况下他们可能甚至算不上熟人。我们也不可能像有些人在社交媒体上那样拥有大量的朋友。20世纪90年代初，人类学家罗宾·邓巴（Robin Dunbar）博士就得出结论，人类平均只能与148人维持稳定的社交网络，其中包括朋友、家人和不那么亲密的熟人。他后来的研究根据情感的亲密程度将这个数字分解成不同的层次。离我们最近的一层有3到5个人，第二层有15个人，第三层有50个人，依此类推。有趣的是，我最近被要求写下50个在我生命中帮助过我的人的名字，我很快就写完了，但我知道要让我再多写点就有些困难了。

我们从自己的经验中就可以知道，与超过3到5个人保持亲密关系是很困难的。现在显而易见的问题是，问问自己，研究中提及的这些友谊层是否真的存在于生活中。有些人告诉我，除了与伴侣的关系之外，他们不需要亲密朋友。错了，我们都需要伴侣关系之外的朋友！这些人往往与你的伴侣性别相反。有时你可能需要和其他人谈论你与你的伴侣之间的关系，但如果你的动机是为了让自己成为一个更好的伴侣，那么这并不算是不忠诚的表现。

　　友谊也常因为生活和忙碌而被削弱。通常情况下，我们拥有的最亲密的友谊是在我们生命的形成时期建立的，这些友谊可以持续一生。然而，我们中的许多人发现，一旦我们开始有了孩子，这些友谊的时间就会被挤压，地理距离也可能是一个影响因素。随着年龄的增长，我们的观点可能会出现分歧。但有一天我们会意识到，尽管拥有美满的婚姻或良好的伴侣关系，我们仍然会因缺乏友谊而感到孤独。以我为例，在我第一次婚姻破裂时，我"失去"了两个最亲密的朋友，但我当时并未意识到这一点。他们不想和我走得太近，因为他们不想让我的前妻难过，这或许是可以理解的。后来，我不止一次地试图与他们两个重新联系，但他们似乎都不为所动，这在当时让我很痛苦。然而，与其为过去失去的亲密关系而悲伤，不如让我们关注现在与我们志同道合的朋友。

　　不过，我可以肯定一件事，那就是我们都需要与和自己有类似经历的人建立深刻而诚实的联系。亚里士多德称之为"完美的友谊"或"美德的友谊"。他认为，不同于通过工作和享乐形成的偶然且短暂而肤浅的友谊，美德的友谊需要时间和信任来建立，它们依赖于共同成长。正是这种友谊给生命带来的滋养使它们变得如此重要。随着年龄的增长，我们中的许多人渴望的正是这种深厚的友谊。

　　现在，我们已经了解了友谊的概念，希望你能从中受到启发，在自己的生活中建立更多美德的友谊，剩下的就是成为其他人的好朋友。我们该怎么做呢？首先，你要像朋友对待你一样，对朋友坦诚相待。当你们持有不同的观点时，不要害怕让你的朋友解释或者挑战他们的观点，这一点同样很重要。同时，在良好的友谊中，你要完全接受你朋友的本来面目，不要试图去改变他们。你不会与他们竞争，你想让他们拥有最好的一切，即使这意味着他们"打败"了你，获得了你想要的奖品或类似的东西。最后，你总是会出现在朋友面前，无论是在半夜，还是当他们离家很远却需要你的帮助的时候。

如果你想要更多的朋友，只要想想帕拉宏撒·尤迦南达所描述的我们心中的那块磁铁：这块磁铁是无私的，先为他人着想的。当你学会为他人而活，他们也会为你而活。这样，你就会吸引来更多的朋友。

行动指南

发掘真正友谊的艺术可能很耗时，但今天：

首先，反思你的友谊：他们是否滋养了你？你是否滋养了他们？你有多少好朋友？把他们的名字写下来并对他们表达感谢。

如果亲密友人不够多，想想你可以找谁喝杯酒或咖啡，以建立更亲密的关系。问问自己，是否有无法滋养你且需要远离的"朋友"。

如何才能成为更好的朋友？在有朋友需要帮助时，你会步行二英里去帮助他们吗？即使最终你可能会失去你的朋友，你是否仍然希望他们得到最好的？

第四十七天　沉着冷静
Calm

◆ 词语定义 ◆

▶ 不受干扰、不激动或者兴奋；处于自我控制之下。

◆ 名人名言 ◆

▶ 永远不要着急，平静地做每一件事。不要因为任何事情而失去内心的平静，即使你的整个世界看起来都很不安。

——圣方济各·沙雷氏

法国主教和圣徒

▶ 保持内心冷静！然后当你看到外面的生活风暴时，即使是最可怕的风暴也会变成柔和的风。

——穆罕默德·穆拉特·伊尔丹（Mehmet Murat Irdan）

土耳其作家

▶ 你能学到的最好的一课就是学会如何保持冷静。

——凯瑟琳·普尔西斐（Catherine Pulsifer）

加拿大商人和作家

观点论据

我记得我听说过一个六岁的孩子的父母向他道歉说:"亲爱的,我很抱歉对你大喊大叫。只是我现在真的压力太大了。"而孩子回答说:"所以是压力让你对小孩子大喊大叫吗?我觉得你真的有问题……"大智慧出自儿童之口。在压力下保持冷静的能力是优秀领导力的标志。这种冷静并不会被误认为缺乏情绪,而是一种让我们保持强大并且在如今到处充满焦虑和恐慌的社会环境中仍能保持平静情绪的方式。你有多冷静?大部分领导者是积极进取型的人,有时会脾气火爆,他们或许需要训练自己在工作中保持冷静和在日常生活中保持冷静的能力。

理查·史丹格在他的书《曼德拉之路》中告诉我们,这位伟人非常重视时刻保持冷静。书中写道:有一次,我和曼德拉一起坐在车后座上,然而,他的司机迷路了。这并不稀奇——他的车队经常出岔子。司机不断加速,急转弯,好像是为了弥补浪费的时间。曼德拉向前探了探身子,对那家伙说,"冷静点,伙计"。史丹格形容曼德拉在入狱前是个急躁易怒的人,但出狱后却恰恰相反,他很冷静,难以被激怒。独自在监狱里待几年给他带来了一种平静,这是他在不断躲避当局的追捕时不可能学到的精神。我想对我们来说也是一样。我们中的大多数人都在不停地移动,四处奔波,试图变得"更有效率",却并没有停下足够长的时间来找寻内心的平静,而这才能帮助我们找到幸福和快乐并做出更好的决定。

为了写"沉着冷静"这篇文章,我重读了切斯利·萨伦伯格（Chelsey Sullenberger）的故事。他是一位飞行员，一次飞行中，一群鹅把飞机的两个引擎都撞坏了，但他仍成功将客机平安降落在了哈德逊河上。这个故事现在被拍成了电影《萨利机长》（Sully）。萨伦伯格和他的副驾驶斯基尔斯（Skiles）只有3分32秒的时间做出决定，而飞机当时正在以每秒两层楼的速度下降。令人难以置信的是，就是在这段时间里，副驾驶在飞机的快速参考手册中查到了应急程序。想象一下，在那种情况下，能够冷静地翻阅一本手册，是相当惊人的。如你所料，飞机在冰冷的水面上成功着陆后，萨利机长对副驾驶说的第一句话是："情况没有我们想象的那么糟。"显然我们中的任何一个人都不太可能在那种情况下保持如此冷静，但我一直很好奇，如果真的经历那种可怕的情况，我能保持多大程度的冷静。

让我们暂时回到现实中来，我们在工作、家中或旅行时都会经历不同程度的压力。我们如何保持冷静？很多时候事情往往无法按计划进行，这会招致烦恼或悲伤的情绪，然后我们试图控制局面，但最终会变得更加不冷静，陷入恶性循环。公元1世纪有一位叫爱比克泰德（Epictetus）的哲学家，他帮助人们找回冷静的状态，并鼓励人们问自己这样一个问题："哪些事我们无法控制？"当我们这样问自己时，我们会发现生活中的大多数事情都超出了我们的可控范围之内，但我们可以控制自己以及我们对周围发生的事情的反应。我们很少能完全控制我们周围的一切，但我们能控制自己对它的反应。爱比克泰德说过："当我们沮丧，愤怒或不开心时，不要让任何人承担责任，除了我们自己——也就是说，我们的判断负全责。"

在一天中冥想或者独处一段时间的好处之一就是学会冷静。事实上，现在有很多冥想应用程序，其中一个就叫作"冷静"。我相信学会在每天早上让我们的头脑保持冷静有助于我们一整天都保持这种冷静。然而，我们有时很难让头脑冷静下来，往往不是在思考那天早些时候或前一天发生了什么，要么就是在思考将要来到的一天我们要做什么。除了专注于当下之外，我们专注于其他任何事情，但我相信，学会活在当下比其他任何事情都更有助于我们培养内心的冷静。一种常见的技巧是深呼吸，将注意力集中在呼吸上，并且只专注于呼吸。当你的思绪飘忽不定时，不要责难自己，只要让你的思绪回到呼吸上来，在你深深地吸气、慢慢地呼气的同时，把所有的思绪都集中在呼吸上。如前所述，有各种应用程序可以帮助你学习这个过程，而且经过几周的常规练习后这过程也会变得更容易。如今，正念非常流行，但谈论它的人比实际学习冥想技巧的人要多，冥想会真正影响我们的生活，并为我们的生活和领导工作带来平静和安宁。

"保持冷静，继续前进"这句话出自丘吉尔。1939年，随着战争准备工作的开始，这句如今随处可见的口号被印在了200万张海报上。这些海报原本打算在德国入侵英国时使用，但没有发生这样的事，所以公众从未见过这些海报——直到2000年斯图尔特·曼利（Stuart Manley）在整理一箱旧书时才发现了一张海报。不过，在逆境中顽强不屈、沉着冷静的斗牛犬式的决心，颇有几分丘吉尔式的风格。我喜欢"冷静的决心"这个词，它可以把我们从一些人想象的与"冥想"和"冷静"这两个词有关的类似于禅的状态中带离出来：我们成为行动派，做出伟大的功绩，但同时也可以拥有一种奇妙的平静感。这可能是年轻时的我和现在的我的主要区别。年轻时的我只关心做什么，我和我周围的人都不大冷静。现在我冷静多了，而且正在学习"做人"的道理。我做的事比以前少了，但取得了更多的成就，尽管我在保持冷静方面还有很多东西要学。现在问问你自己：别人会说你冷静吗？是每天都冷静吗？还是只有在心情好的时候冷静？

行动指南

保持冷静，继续前进：

首先，在你的手机计时器中设定八分钟的时长，然后安静地坐着。如上文所述，专注于每一次深呼吸，当你的思维飘忽不定时，让自己专注于深呼吸本身。

反思你在日常生活中的冷静程度。请记住，我们只能控制自己，无法控制我们周围的事情。当你发现自己今天感到压力大和焦虑不安时，请花点时间"休息一下"，记住这个方法。

白天，在你想起时，做几次深呼吸，专注于当下。一种好办法是在手机上设置计时闹钟。

第四十八天　坚持不懈
Persevering

◆ 词语定义 ◆

▶ 不管遇到什么问题，都决心继续做某事或努力实现某事。

◆ 名人名言 ◆

▶ 没有人能不费吹灰之力就成功……那些成功的人往往将他们的成功归功于毅力。

——拉马那·马哈希（Ramana Maharshi）
印度圣人

▶ 生活对我们每个人来说都不容易，但那又如何呢？我们必须有毅力，特别是信心。我们必须相信我们有某种天赋，我们必须相信我们有天赋去做一些事情，并且一定能把它做成功。

——玛丽·居里
波兰物理学家及化学家

▶ 看一个石匠在不停地敲打石头，他大约一连敲了一百次，石头仍然纹丝不动。但他敲第一百零一次时，石头裂为两半。可我知道，让石头裂开的不是那最后一击，而是前面的一百次敲击的结果。

——雅各布·奥古斯特·里斯（Jacob August Riis）
美国籍丹麦裔社会改革家

▶ 成功取决于持久力。而在大多数情况下，失败的原因是缺乏毅力。

——J. R.米勒（J. R. Miller）

美国牧师

观点论据

"成思网"（Growthink）分享了J.K.罗琳（J. K. Rowling）在出版第一本《哈利·波特》（*Harry Potter*）之前所经历的困难。如今，大多数人都知道她取得了惊人的成功和财富，但我们最好还是要记得她最初的坚持不懈——这可以激励我们所有人。罗琳的第一本书遭到了12家出版商的拒绝，其中包括她的最终出版商英国布鲁姆斯伯里出版社（Bloomsbury），布鲁姆斯伯里出版社让她"找份全职工作"。罗琳说她当时的生活一团糟，因为她那时正在经历离婚，和女儿一起住在一间小公寓里，并在那里写作，而且她的母亲也在不久前去世了。放弃是多么容易，但她的毅力让她坚持了下来，现在，哈利·波特品牌价值250亿美元。

还有无数像这样家喻户晓的人物的故事，尽管起步令人沮丧，但他们在艺术、商业或慈善领域取得了远远超出他们梦想的成就。然而，看着他们，我们很容易会想："我真希望我也有他们的运气，或者只是碰巧在正确的时间出现在正确的地方。"是的，成功有很大程度依靠运气——正如许多企业家和"网红"会告诉你的那样——但其他人看不到的是成功之前多年的辛勤工作和毅力。我打算把"勤奋"作为本书中陈述的50个个性特征之一，在《柯林斯英语词典》中它的定义是"认真而彻底地努力工作"。但"勤奋"这个词太保守了，因为我们中的大多数领导者已经足够勤奋了。我们可以在"坚持不懈"中成长和拓展自己，而"坚持不懈"这个词包含了一种追求不可能实现的梦想的意味。当然，要取得重大成就总是需要大量的奉献、辛勤的工作和对细节的关注，但坚持不懈意味着持续追求自己的梦想，无论遭受什么挫折，不管别人怎么说。

事实上，虽然我所取得的成就显然远不及罗琳，但在我初创公司时，一位年长的商人也曾和我说让去找一份合适的工作，就像罗琳的出版社所告诉她的那样。坚持不懈伴随着一些固执还有一种"别告诉我该怎么做"的感觉。如今，固执必须用谦逊来调和，有时听从他人的引导从而改变方向是正确的。但是，如果我们要追逐自己的梦想，那么不管别人怎么说，我们都必须坚持不懈地去实现它们。想想上文提到的雅各布·奥古斯特·里斯的名言，他看到一个石匠在敲打100下之后，石头才发生变化。我们会在第20、30、50、80、99次打击时放弃吗？那些在最后一击击碎石头前几秒出现的旁观者会想"这很容易，我也能做到。"但他们没有看到之前的艰苦工作，之前的每一次打击都起了作用。我们有时也会被蒙蔽，只看到一项产品或业务推出前短暂的努力，却没有看到之前几年，甚至数十年的努力和坚持。

韧性是一种从挫折中恢复的能力，但对我来说，坚持不懈更多是始终如一的努力工作，有时甚至是重复枯燥的工作，同时不忘我们的梦想。在创业初期，我疯狂工作，主要是一些无聊的工作，比如在其他人都回家后在仓库里挑选客户的订单。这是一项乏味、枯燥、不需要技术的工作，但要实现成为全国各地美味特色食品主要供应商的梦想的话，这些工作是必要的。我并不是特别喜欢在仓库里待到半夜，这当然不好玩，但我心中有目标，也因此坚持了下来，所以现在我有权做我想要做的事情。花了两年的时间来实现我的第二个梦想，那就是建造一个食物商店和厨房，在我写这篇文章的时候，建筑工人们已经接近完工，并将在本书出版的六周后开始营业。同样，我和其他相关人员都需要有强大的毅力，但设计师对于建筑完工后样子的预想让我们经历了漫长的规划过程。

大部分人在他们年轻时都有梦想，但我们当中有太多人都放弃了自己的梦想。我已经五十多岁了，但我仍然在追求我的梦想。那么，究竟是什么进入我们的脑海，阻止我们继续前进，实现我们的梦想呢？对一些人来说，是信心的问题。他们多次被告知他们做不到，因此他们相信了别人说的话，就完全放弃或妥协了，开始做一些自己内心并不喜欢的事情。在西方社会中，传统的家庭和社区模式已经瓦解，这对年轻人的梦想造成了极大的伤害，降低了他们身边存在着支持者的可能性。对另一些人来说，经济困难或者育儿压力（这两者可能有关联）迫使他们从事一份远离梦想的工作，但由于收入更高，这份工作被视为是更安全的选择。有时，暂时搁置梦想是正确的，但我们仍然要坚持不懈，或许当我们的经济更稳定时，我们可以重新振作起来。但是，请记住，不要让经济压力使我们变得平庸。

我三十多岁时在牛津郡住过一段时间，在那里，周围都是与我年龄相仿的人，他们中的许多人年纪轻轻就放弃了自己的梦想，只专注于挣养老金。这让我觉得很难过，我想让他们重新振作起来，帮助他们拾起被遗忘的梦想，这样他们就会开始采取行动，实现梦想。那些曾经怀揣改变世界的远大梦想的人到了40多岁才意识到自己的人生已经过半，却还没有实现年轻时的梦想，事实上，这种事很典型，往往发生在中年危机。

那么，如果我们不想像他们那样放弃，我们如何才能在生活中培养更多坚持不懈，直到实现目标的毅力？我们已经讨论过冒险和不怕失败的品质。从一开始就要明白事情总是会出错，并在出错时做好克服困难的准备也很重要。你不可能在一夜之间实现所有目标，所以可以在过程中定些小目标，然后在它们被实现时庆祝一下。让那些与你的目标没有直接联系的人来支持你也是非常有帮助的。最后，虽然你可能已经完全专注自己的目标，而且"工作、工作、工作"可能的确很诱人，但这并不总是最有成效的方式，所以你要确保自己有足够的闲暇时间和锻炼。试想一下，如果J.K.罗琳在第12次被出版商拒绝后放弃了她的梦想会怎么样？我们绝不要放弃。

行动指南

学会在我们的生活中培养更多的毅力：

问问自己，你在过去或是最近有没有放弃自己的梦想，不论大小。花点时间反思一下并问问自己为什么，是什么阻止了你。写下你的想法。

你是否有一个帮助你坚持下去的支持者网络，或者你是否能为了他人成为支持者网络的一部分？

你是否可以拾起那些被暂时搁置的梦想？现在去完成它的风险或许不像以前那么大了。

第四十九天　真诚可靠
Authentic

◆ 词语定义 ◆

▶ 代表一个人的真诚本性或信仰；真诚地对待自己和自己所认同的人。

◆ 名人名言 ◆

▶ 内心的声音既温柔又清晰。所以，为了达到真诚可靠，你必须坚持不懈，坚持诚信以及相信某些事情的必然性。

——梅芮迪斯·蒙克（Meredith Monk）

美国作曲家、导演

▶ 真诚就是不完美。真诚是人类的特性。真诚就是坦然面对自己的不完美……伟大的领导者并不认为自己是伟人，他们视自己为普通人。

——西蒙·斯涅克

美国作家、励志演说家

▶ 真诚是头、嘴、心和脚的一致——思考、说、感觉和做同一件事——始终如一。这可以建立信任，而追随者也会喜欢他们可以信任的领导者。

——兰斯·克里坦（Lance Secretan）

加拿大商人、作家

▶ 艰难的时期会激发人们对真诚的本能渴望。

——可可·香奈儿（Coco Chanel）

法国先锋时装设计师

观点论据

"真诚"这一词在21世纪往往被滥用于领导者身上，所以我不太愿意把它放在此处。但是，考虑到它为我们倒数第二天的反思提供了一个好的说法，所以我还是把它放进来了。那些缺乏我们所看到的其他特征的人——同情、谦逊、善良等——必是不真诚的，因为在他们与他人的互动中无法避免地会有一定数量的表演和虚假。那些难以了解自己的目的，不愿为他人所用并且总是感到不满的人，也缺乏真诚。这并不是说，生活对于真诚的人来说是一帆风顺的，它们肯定会遇到困难，但对我来说，"真诚"这个词带有一种真实感，以及一种能够比一个人的外表更深入地看到一个人的感觉。是与一个人的灵魂、心灵或本质的直接会面。

有两件事启发我写下这本书中的每日冥想：第一，这些年来，我从身边的领导者身上看到了自身的真诚的缺失，第二，通过一些所谓的负面经历，我意识到自己逐渐培养了一定程度的真诚，并认识到这标志着我从年轻时非常不真诚的状态转变到如今有一定程度真诚的状态。我和我的管理团队加入了一个名为"充分发挥潜力"的组织，他们有一门课程名为"走进真正的领导力"。当然，真诚和领导力之间是存在联系的,因为如果缺乏真诚,就无法充分发挥我们作为人类和领导者的潜力。为该组织的优秀课程提供动力的是一些来自印度的古老智慧,古老的智慧往往是最佳的,而且21世纪所发现的新智慧的大部分内容实际上是基于对旧智慧重新发现。古老的智慧总是说,经历考验和磨难是成为真实的人并发展真诚的最好方式。

昨晚,我偶然看到一个叫作《金盏花之旅》(*The Real Marigold Hotel*)的电视纪录片,讲了一群年长的名人在印度待一个月,调查他们是否可以在那里退休养老,尽管他们中的大多数人可能并不打算这样做!在印度的最后几天,两位名人去见了当地大师,并在那里度过了一段美好的时光。有那么一瞬间,大师握着他们的手,看着他们的眼睛说:"欢迎回家。"两位名人都感动得流下了眼泪,但他们也不知道为什么会这样。我很清楚,这是一次真诚与真诚的邂逅。因此,让我们进一步探索和了解什么是真正的真诚。

"authentic"(真实)这一词的拉丁文词根意为作者。因此,这不仅是关于诚实、正直和真诚——而是关于成为自己生活的作者。有一张白纸等着我们用生活去书写,真诚则来自我们在这张白纸上书写的用心。但问题是,我们出生在一个不完美的世界,有时我们在成年早期看到那张白纸,会发现那页纸不再是空白的,在我们成长的过程中,其他人在上面画了一些涂鸦,可能是其他人的期望、虚假的承诺、不切实际的目标、失望等。有一些涂鸦可能很难被消除,来让我们写下自己的故事,我们可能需要他人的帮助才能做到这一点。在我们恢复了这张白纸之后,我们可能会面临另一个挑战：觉得我们应该写别人想写让我们写的东西。"应该"是一个可怕的词，这个词应该被禁止。人们可能期望我们遵守文化和社会规范，但不在乎我们有没有自由地表达我们是谁，这与给我们穿上紧身衣无异。

我们可能从他人那里听到过，我们只需要做自己，这便是真诚的意义所在。但我们可能需要一段时间的探索才能发现自己到底是谁。即使我们刚刚开始自我探索之旅，人们也会与我们真诚的自我建立联系，并信任和尊重我们真诚的自我。直到他们终于可以看清我们的真面目，斗篷就被拿开了。《真诚小书》（The Little Book of Authenticity）的作者尼娜·伯罗斯（Nina Burrows）博士，在2014年《卫报》（The Guardian）的一篇文章中写道："拥抱真诚是成为'你'的唯一途径，成为'你'是你成为领导者过程中的最大财富。他人会从你的'自我'中受到启发，与之建立联系并最终信任你。他们追随的是你的'自我'。"毕竟，成为另一个人是相当困难的，但我们中的许多人却在尝试——或许我们没有做出尝试，但我们一生都希望自己是另一个人。意识到你自己是独一无二的，意识到那张白纸上的故事只能由真诚的你来书写，是一件非常令人兴奋的事情。

这并不是说故事不会随着时间的推移而改变，这既不现实也不真实。我们的故事在不断发展。真诚也和进化有关。鲍勃·迪伦（Bob Dylan）不断在音乐上重塑自我，例如，在他进入"电子乐阶段"时，许多粉丝都批评他的变化。迪伦在音乐之旅中是一个真诚的人，从不迎合粉丝的口味和期望，不同于一些炮制老套的旧玩意儿的音乐人。那些音乐人这么做，是因为他们知道这样可以吸引观众，并让他们的唱片公司高兴。

真诚是要意识到自己的缺点和不完美之处，而不是去掩盖它们。真诚是要知道无论我们取得什么成就，很大程度上都可能是由于运气或在正确的时间出现在正确的地方。最重要的是，真诚就是了解我们的人性，享受做自己。

行动指南

今天，走向真诚的状态：

你是否戴着面具或斗篷，阻止人们看到真实的你？你有没有掩盖什么？花几分钟时间反思一下，并把你的想法都记录下来。

花点时间想想你生命中的那张白纸，上面是否有其他人的涂鸦需要擦掉？有什么期望或"应该"做的事吗？

如果你发现自己在演戏，试着停下来，后退一步，找回真实的自己。

第五十天　一心向好
Good

◆ 词语定义 ◆

▶ 具有令人钦佩的、讨人喜欢的、优越的或积极的品质，而不是消极的、糟糕的或平庸的品质。

▶ 品行优良或令人钦佩的；善良的；正直的。

◆ 名人名言 ◆

▶ 随时随地，行小善不断。小善聚为大善，爱便充满人间。

——德斯蒙德·图图

南非教士和神学家

▶ 尽一切可能，以一切可能的方式，在所有可能的地方，在任何可能的时间，对所有可能的人，尽其所能。

——约翰·卫斯理（John Wesley）

英国神学家

▶ 善待他人。你的善良会比你可能获得的任何成功都更容易被人们记住。

——曼迪·赫尔（Mandy Hale）

美国作家、演说家

▶在大多数方面,我是个好人。但我开始觉得,如果你在某一方面做了坏人,那么在大多数方面做个好人并没有多大意义。

——尼克·霍恩比(Nick Hornby)

英国作家、剧作家

观点论据

就这样,我们来到了思考领导者特质的最后一天,并以迄今最普遍优点"好"(good)来结束我们的讨论。在今天的词典定义中,我使用了"好"的两个不同方面——但被描述为"好"领导者意味着什么?什么是善?我在前作《向善的力量》的标题中使用了这个词,但我并没有真正定义"善"这个字,而是假设我们大多数人都了解什么对他人有益、什么对地球有益。功利主义确实是为最多数人谋取最大利益的哲学,但为了实现这个目标,可能会对少数人不利,因此,我不确定这种方法是否抓住了我在本章想要讨论的特征的本质。

一位朋友提议,"善"的另一个定义可能是在全世界范围内不断努力以实现联合国提出的可持续发展目标(SDGs)。我们公司的最新影响力报告指出了我们为实现不同的可持续发展目标所做的工作。这是我们作为一家公司做得"好"的一个小方面。这将日益成为评判企业的标准。毫无疑问,如果世界上的每一位商业领导者都变得更加乐于协作、谦逊、更加有爱心——按照其他的49个特征和品质努力工作——那么他们也会成为更"好"的人,领导一家更好的企业，世界也会变得更加美好。因此，或许在最后一天，我们的重点应该放在我们性格中需要改进的方面——就我而言，我在各个方面都需要改进！

从另一个角度来看，在小说《如何是好》（*How to be Good*）中，作者尼克·霍恩比（Nick Hornby）从妻子凯蒂的角度出发，讲述了她的丈夫大卫的转变，大卫是一个愤世嫉俗的男人，他在报纸专栏上写了一篇叫作《霍洛韦最愤怒的男人》（*The Angriest Man in Holloway*）的文章，在这篇文章中，他对任何与自己不同的人都怒斥不已。在这本书的开头部分中，凯蒂就已经受够了，想要离婚，但她还是决定努力维持婚姻，因为她是一个品德端正的"好人"。做好人意味着什么是这个故事的核心。大卫的性格受到了一位名为古德纽斯的信仰疗愈师的影响，他鼓励大卫用对人类无条件的、包罗万象的爱来代替他玩世不恭的生活态度。大卫开始创作自我成长的书籍，鼓励他的孩子们把他们的玩具送给穷人，并请求古德纽斯搬去和他们一起住。大卫变成了凯蒂想要的样子，但她发现她对此难以接受，她更喜欢原来的大卫，这挑战了她自己对"好"的认知。

我认为，可能有三类人和领导者会读这本书（那些知道自己不好、不想改变的除外，他们不会买这本书）。第一类，像大卫那样的人，他们知道自己做得不好，但正在经历改变的过程。第二类，像凯蒂那样的人，他们以前认为自己很好，但现在却在质疑自己到底好不好。第三类，那些处于两者之间的人，他们正在某些领域中发展，但也敏锐地意识到其他领域也需要发展。更有可能的是，我们在不同的时间会觉得自己分属于这三类人。在某些日子里,我很清楚自己缺乏善良的心态,我的错误似乎比以往任何时候都要严重,但我尽量不去纠结这些错误,而是选择清醒地继续前进,以免将来再次犯同样的错误。在另一些日子里,我感觉自己很优秀,但也会遇到别人的挑战,受到他人的启发,这会让我变得更好。而在其他日子里,我更清楚地意识到,我似乎是带着一种使命感在前进与成长。

为了进步,我们会发现自己逐渐意识到自己的缺点、受到的挑战和鼓励,或者同时意识到这三点。当然,如果你觉得自己在成为一名优秀领导者的过程中没有取得进展,不要苛责自己,这也是很重要的。有时候你可能会觉得为了进步你反而在倒退。这不算一个问题,而且这可能表明你取得了进步,因为你变得有自知之明了,所以请对自己温柔一点。成为更好的领导者是一生的工作,可能需要很长时间才能看到进步,而且我们可能还需要经历一些事来塑造我们。这就是我真正要求你要做的:愿意接受塑造,而不是与困境做斗争。还有一点要记住的是,你不可能在头脑中解决所有这些问题。例如,我们当然可以决定变得更敏感脆弱,但我们不能仅凭大脑的智力部分就做到这一点。改变涉及我们的情绪和我们大脑中其他非智力部分,但我们无法随意开启它们。关键是要敞开心扉,花时间与你敬佩和能够启发你的人在一起。

如何变得优秀,或者至少如何变得更好,确实需要下定决心踏上这条道路。希望我给你的行动指南能够有所帮助,因为你一定会在练习中取得进步。想想三个P原则:计划(plan)、实践

（practice）、进步（progress）。作为领导者，我们可以通过增加对他人和世界的爱，在全球范围内产生巨大的影响。我们所做的事情可能看起来微不足道，但如果将它们加在一起，再加上更多的人也在尽自己的一份力，那么我们共同的行动将为这个濒临破碎的世界带来重大的改变。让我们以德斯蒙德·图图的话作为结束语："随时随地，行小善不断。小善聚为大善，爱便充满人间。"

行动指南

今天，如何变得优秀：

计划（plan）：你今天打算做什么来成为一个更好的领导者？在新的一页上列出一个计划表，并在接下来的几天添加新的东西进去。

实践（practice）：每天都要练习成为领导者的新方法，这些方法很容易做到。

进步（progress）：让一些你尊重的人对你的计划负责，让他们监督你的进步。向他人的智慧和善良学习。

致谢

首先,我要感谢所有的领导者,是你们多年来一直激励着我前进,有些人可能知道自己是其中的一员,有些人可能不知道。

我还要感谢我的团队——科茨沃尔德·法尔公司的员工们,你们每天都在鼓励着我,比我做得要更好。我一直坚信自己只有一种才能:找到优秀的人为我工作。

我特别感谢的人是苏吉斯·拉文德兰。2018年,拉文德兰带我进行了一次影响深远的精神之旅,让我领略到东方精神的渊博和美好,他还很热心地为本书撰写了鼓舞人心的推荐序。

其次,我要感谢许多人,启发我将创造力、哲学、商业和精神完美结合起来,他们对我产生了深远的影响,让我写下了这本书。

2020年,新冠疫情暴发,我也开始了居家隔离,所有的会议和旅行都被迫取消,才有了写这本书的时间。但我也意识到,病毒带走了许多人的至亲,这一事实让我非常痛心。因此,对于疫情期间失去至亲的人们,我深表同情。

当我参与到社区活动中,拉顿村的人们给予我鼓励,我们建立起友谊,我对此非常感谢,你们知道自己是其中的一员。如果没有SRA图书公司(SRA Books)的帮助,这本书就无法跟大家见面,我的第一本书也是由这一优秀的团队出版。于我而言,你们的想法和建议总是更好。所以,我特别感谢苏·拉塞尔斯(Sue Lascelles)、安德鲁·查普曼(Andrew Chapman)、保罗·伊斯特(Paul East)以及苏·理查森(Sue Richardson)。

对于那些我直接或是间接领导过的人,我的领导方式也许有误,感谢你们能包容我的过错,感谢你们经常告诉我有哪些地方可以改进。

最后,我要对我的妻子尼古拉再次表达谢意,她一直以来辛苦了。我研究和撰写本书的过程中,她独自在家中度过了很长时间。